Führen und verkaufen mit der Kraft der Ordnung

Karl Herndl

Führen und verkaufen mit der Kraft der Ordnung

Mit den Regeln der Benediktiner
zu klaren Strukturen im Tagesgeschäft

2., erweiterte Auflage

Karl Herndl
Viktring, Österreich

ISBN 978-3-8349-3197-9   ISBN 978-3-8349-3749-0 (eBook)
DOI 10.1007/978-3-8349-3749-0

Die Deutsche Nationalbibliothek verzeichnet diese Publikation in der Deutschen Nationalbibliografie; detaillierte bibliografische Daten sind im Internet über http://dnb.d-nb.de abrufbar.

Springer Gabler
© Gabler Verlag | Springer Fachmedien Wiesbaden 2010, 2012
Das Werk einschließlich aller seiner Teile ist urheberrechtlich geschützt. Jede Verwertung, die nicht ausdrücklich vom Urheberrechtsgesetz zugelassen ist, bedarf der vorherigen Zustimmung des Verlags. Das gilt insbesondere für Vervielfältigungen, Bearbeitungen, Übersetzungen, Mikroverfilmungen und die Einspeicherung und Verarbeitung in elektronischen Systemen.

Die Wiedergabe von Gebrauchsnamen, Handelsnamen, Warenbezeichnungen usw. in diesem Werk berechtigt auch ohne besondere Kennzeichnung nicht zu der Annahme, dass solche Namen im Sinne der Warenzeichen- und Markenschutz-Gesetzgebung als frei zu betrachten wären und daher von jedermann benutzt werden dürften.

Lektorat: Manuela Eckstein
Einbandentwurf: KünkelLopka GmbH, Heidelberg

Gedruckt auf säurefreiem und chlorfrei gebleichtem Papier

Springer Gabler ist eine Marke von Springer DE. Springer DE ist Teil der Fachverlagsgruppe Springer Science+Business Media
www.springer-gabler.de

Vorwort

Ich habe Karl Herndl im Jahre 2004 kennen gelernt, als ich gerade die Verantwortung für eine Vertriebseinheit von acht Direktoren und circa 200 Verkäufern übernommen hatte. Eine erste Analyse zeigte, dass es weder einen definierten Vertriebsprozess noch einen Führungsprozess gab. Von einer gelebten Wertekultur ganz zu schweigen. Die Ergebnisse wurden nach dem freien Spiel der Kräfte, also eher zufällig, eingefahren. Die Unternehmensziele sowie der Auftrag gegenüber den Kunden waren den Verkäufern vielleicht bekannt, spielten aber in der Zielsetzung und Vorgehensweise der Verkäufer keine Rolle. In der logischen Konsequenz wurden die Cross-Selling-Potenziale der Kunden nicht genutzt, und die Verkaufseinheit fand sich am Ende der Hitlisten wieder.

Bei Übernahme der Verantwortung war ich auf ein Buch aufmerksam geworden, das mir vorher so nicht begegnet war. Die pragmatischen, direkt anwendbaren Inhalte und beschriebenen Werkzeuge waren dazu geeignet, dass jeder meiner Verkäufer bei Anwendung in der Lage sein würde, die Cross-Selling-Potenziale zu nutzen und seine Verkaufserfolge überproportional zu steigern. Aber es ging nicht nur um Werkzeuge, sondern auch um die Einstellung zum Beruf und zu den Kunden. Es ging um persönliche Verantwortung. Karl Herndl hat in seinem Buch *„Auf dem Weg zum Profi im Verkauf"* die Notwendigkeit, rote Linien zu überschreiten, um persönlichen wie beruflichen Erfolg zu erzielen, perfekt beschrieben. Ich entschloss mich, sein Buch allen Verkäufern zu unserer Jahresauftaktveranstaltung zu schenken und die Inhalte systematisch und durch Training umzusetzen. 14 Tage nach meiner Veranstaltung erhielt ich einen Anruf. Am Telefon war Karl Herndl! Er hatte die Info bekommen, dass ich 230 Bücher bestellt hatte, und wollte mich kennen lernen, um zu eruieren, welchen Trainingsbedarf ich bei meinen Verkäufern sehe und ob wir unsere Zusammenarbeit auf den Trainingsbereich ausdehnen könnten. Meine Priorität für externe Trainer lag damals in der Führungskräfteentwicklung, um dann über die Führungskaskade die notwendigen Skills zu vermitteln. Karl Herndl erwähnte, dass er gerade sein neues Buch „Führen im Vertrieb" veröffentlicht hatte, und dass er überzeugt sei, mir entscheidend weiter helfen zu können. Dies war der Beginn einer wertvollen, fruchtbaren, intensiven und erfolgreichen Zusammenarbeit, die nun schon seit sechs Jahren andauert.

Mit seinem Buch „Das 15-Minuten-Zielgespräch" hat er dann viele Erfahrungen mit Führungskräften auch aus unserem Unternehmen verarbeitet. Er liefert damit eine Daily-Business-Anleitung für den Erfolg von Führungskräften. Seine Credo und seine Lebensmaxime sind das Fragen stellen und das Pausen aushalten. Er ermöglicht seinen Trainees über diese Methodik, sich den Spiegel vorzuhalten. Er fördert hierdurch Selbsterkenntnis und berufliche wie persönliche Entwicklung. Gleichfalls gelingt es ihm darum, die wirklich wichtigen Dinge für Vertriebserfolg in seinen Büchern zu transportieren. Ich kenne keinen, der das Fragen stellen und Pausen aushalten so perfekt beherrscht und auch praktiziert, und der in Seminaren immer dahin geht, wo es weh tut. Auf diese Weise erzielt er bei den Teilnehmern eine sehr hohe Wirkung. Dennoch hat er immer wieder die Umsetzung der Seminarinhalt in der Praxis auch selbstkritisch geprüft, denn die Umsetzung lief unterschiedlich erfolgreich.

Die These, dass es in Unternehmen in der Regel kein Erkenntnis-, sondern ein Umsetzungsproblem gibt, fanden auch wir immer wieder bestätigt. Genau auf dieses Problem liefert das vorliegende Buch die richtigen Antworten, unabhängig davon, ob Sie ein Unternehmen, eine Verkaufseinheit oder sich selbst leiten und führen. Mit diesem wertvollen Buch schließt sich der Kreis von notwendiger Erkenntnis, dem Vermitteln von notwendigem Handwerkszeug sowie dem Bereitstellen von Verkaufs- und Führungsskills. Es zeigt, wie wichtig Regeln, Kultur, Leitplanken und eine Ordnung sind. Es macht deutlich, wie wichtig es ist, ein Handlungsumfeld zu schaffen, das Umsetzung kontinuierlich fördert oder sogar garantiert. Mit diesem Buch ist Karl Herndl in eine neue Dimension der

Verkaufs- und Führungsliteratur vorgestoßen. Ich wünsche Ihnen viel Spaß beim Lesen und viel Erfolg mit Karl Herndls *„Führen und verkaufen mit der Kraft der Ordnung"*. Ein Tipp: Gönnen Sie sich Karl Herndl auch mal live. Es lohnt sich.

Düsseldorf im Juli 2010

Frank Pöppinghaus,
Vorstandsmitglied der
Postbank Finanzberatung AG

Inhalt

Vorwort 5

Zum Buch 13

1. Kapitel:
Auf dem Weg zur mir 15

2. Kapitel:
Bei den Benediktinern: Einkehr und Verwandlung 25

3. Kapitel:
Die Benediktsregel 39
3.1 Die geistliche Kunst 42
3.2 Die Regel im Detail 47
    3.2.1 Die wichtigste Aktivität des Verkäufers ist das Verkaufsgespräch 49
    3.2.2 Wer Ordnung hat, kann nicht anders, als erfolgreich zu sein 51
    3.2.3 Das „Was" und das „Wie" 52
    3.2.4 Das rechte Maß finden 57
    3.2.5 Die Führungskraft als Drehscheibe erfolgreicher Verkaufsprozesse 58
    3.2.6 Unternehmensregeln festschreiben und dafür sorgen, dass diese auch umgesetzt werden 62

4. Kapitel:
Die Kraft der Ordnung im Vertrieb 65
4.1 Das Projekt Profischmiede 69
4.2 Mit Ordnung zu mehr Effizienz im Vertrieb 74

5. Kapitel:
Ein Vorstand ordnet seinen Vertrieb –
ein Beispiel aus der Praxis 77
5.1 Die Bestandsaufnahme 80
5.2 Die Auswertung 88
5.3 Das Ergebnis: Ein Nachschlagewerk auf CD-ROM und eine verbindliche Ordnung 97
5.4 Die Ordnung der VFP AG 101
5.5 Die gültige Ordnung festigen 103

6. Kapitel:
Führen und verkaufen mit der Kraft der Ordnung –
ein Unternehmen beweist Mut zu klaren Regeln 107
6.1 Der Auftakt 109
6.2 Das praktische Training 114
    6.2.1 Die richtigen Fragen im Verkaufsgespräch trainieren 119
    6.2.2 Fragen der Führungskräfte an ihre Mitarbeiter 122
    6.2.3 Die Musterwochenplanung 124
    6.2.4 Führungsgespräche mit Maß und Ziel 128

7. Kapitel:
Die Kraft der Ordnung in konkreten
Coaching-Prozessen 135
7.1. Die Ausgangssituation 137
7.2 Voraussetzungen für einen gelungenen Coaching-Prozess 138
    7.2.1 Ordnung im Unternehmen 138
    7.2.2 Weltbild klären 139
    7.2.3 Handlungsanleitungen überprüfen 141
7.3 Der Ablauf des Coaching-Prozesses 143
    7.3.1 Der Auftrag 143
    7.3.2 Der Auftakt 144

7.3.3	Die erste Gesprächsrunde	144
7.3.4	Die zweite Gesprächsrunde	146
7.3.5	Die dritte Gesprächsrunde	148
7.3.6	Das Review	149
7.4	Praktische Erfahrungen aus Coaching-Prozessen	150
7.4.1	Der Auftrag	150
7.4.2	Der Auftakt	152
7.4.3	Die erste Gesprächsrunde	155
7.4.4	Die zweite Gesprächsrunde	171
7.4.5	Die dritte Gesprächsrunde	173
7.4.6	Das Review	174
7.5	Interessante Dialoge aus den Gesprächsrunden	175

8. Kapitel:
Die Ordnung ist das Natürliche 187

Danksagung 199

Literatur 201

Der Autor 203

ZUM BUCH

Die letzten Jahre sind an mir äußerst rasch vorbeigezogen. Ich hatte mir als Trainer für praxisorientierte Verkaufs- und Führungsseminare im deutschsprachigen Raum einen Namen gemacht. Da meine Seminare immer interaktiv aufgebaut waren und sind, profitierte ich vom Wissen und den Erfahrungen der Teilnehmer. Es gelang zunehmend, diese Erfahrungen in standardisierte Tools umzuwandeln, sodass ich die einzelnen Lernschritte in ausgereifter Form an die folgenden Teilnehmer weitergeben konnte. Umgekehrt wurden auch durch die Erfahrungen während der Seminare die Tools wieder weiterentwickelt.

Ich hatte großen Spaß an den Trainings und den Anspruch, den Teilnehmern möglichst viel mitzugeben. Irgendwann war es dann aber an der Zeit, selber wieder einmal Kraft zu tanken. Zu diesem Zweck besuchte ich ein Seminar in einem Kloster mit dem Titel „Einkehr und Verwandlung". Die dort gesammelten Erfahrungen und Erkenntnisse fließen nun wiederum in meine Tätigkeit als Trainer ein. Der erste Teil dieses Buches erzählt von diesen Erfahrungen auf sehr persönliche Weise, anschließend werden einige grundlegende Erkenntnisse auf die Arbeit im Vertrieb übertragen.

In meinen Basis- und Folgeseminaren habe ich oft die Gelegenheit, Teilnehmer mehrmals zu sehen. Ich kann häufig beobachten, wie sie sich in der Gesprächstechnik entwickelt haben, und trotzdem beschleicht mich oft das Gefühl, dass ich – nach einem Jahr – fast von vorne anfangen müsste. Diese Erfahrung machte mich manchmal ratlos. Was den Unternehmen genau fehlte, um die Inhalte der Seminare nachhaltig in die Praxis umzusetzen, war mir vorerst auch nicht klar, stellt sich aber im Laufe des Seminars „Einkehr und Verwandlung" sehr schnell heraus: Es fehlt den Unternehmen an der konkreten *Ordnung* in den Vertriebsprozessen, die die Voraussetzung für das Umsetzen der Inhalte wäre.

In „Führen und verkaufen mit der Kraft der Ordnung" gehe ich der Ordnung nach, die die Benediktsregel schafft, und übertrage diese auf die Prozesse in Unternehmungen. Hierdurch wird deutlich, wie es gelingt, Vertriebsstrukturen mit der *Kraft der Ordnung* langfristig wesentlich effizienter zu gestalten.

Liebe Leserinnen und Leser, ich lade Sie ein, sich auf das Thema Ordnung einzulassen. Ich wünsche Ihnen viel Freude und neue Erkenntnisse beim Lesen dieses Buches.

Ihr

Karl Heindl

1. Kapitel
Auf dem Weg zu mir

Der 10. Dezember 2008 ist ein ganz besonderer Tag. Ich bin unterwegs in ein Kloster in Österreich, um eine Auszeit zu nehmen. Ich betrachte mit Freude die leicht mit Schnee bedeckten Felder, die an mir vorüberziehen. Ein paar Schneeflocken tanzen lustig auf und ab. Es ist zu warm für die Jahreszeit. Der leichte Schneefall wird vermutlich im Laufe des Tages in Regen übergehen.

Es war höchste Zeit für mich geworden, meine Batterien wieder einmal aufzuladen. In den letzen fünf Jahren hatte ich als Seminarleiter für Führungs- und Verkaufsseminare ein gewaltiges Arbeitspensum hinter mich gebracht. Da ich in Österreich wohne und sich die meisten meiner Kunden in Deutschland befinden, war die Seminartätigkeit mit einem großen Reiseaufwand verbunden: Über 500 Trainertage, über 500 Flüge, über 500 Hotelnächte hatten mir einerseits Einiges abverlangt und deutliche Spuren hinterlassen. Andererseits war ich auch stolz auf die sehr gute Auslastung als Trainer. Ich hatte immer den Anspruch, den Teilnehmern so viel mitzugeben, wie nur irgendwie möglich. Das Feedback der Teilnehmer ist durchweg positiv, und meine Vorfreude auf die nächste Seminarwoche war und ist immer noch groß. Ich empfinde eine große Dankbarkeit dafür, dass ich die Gelegenheit hatte und immer noch habe, in vielen Seminaren mit Verkäufern und Führungskräften im Vertrieb die Kernthemen immer mehr zu verdichten. Fast 14 Jahre bin ich nun insgesamt schon unterwegs.

„Nein" zu sagen fällt mir extrem schwer. Das hat wohl mit der Urangst jedes Selbstständigen zu tun, Kunden zu verärgern und sie zu verlieren. Die Konsequenz daraus ist dann, dass man sich selbst immer wieder (fast) zu viel zumutet. Wenn ich im Flugzeug sitze und das Wolkenmeer betrachte, dann frage ich mich oft, wer ich eigentlich bin, wohin ich will, und welchen Sinn ich in meinem Leben sehen will. Solche Gedanken konnte ich aber bisher nicht zu Ende denken, weil gleich nach der Landung die Vorbereitungen für das nächste Seminar begannen. Nicht ausdrücklich erwähnt werden muss wohl, dass da, wo man selbst zu kurz kommt, auch die eigene Familie zurückstecken muss.

Es ist Mittwochvormittag, die Schnellstraße ist mit Autos übersät. Viele rasen auf der Überholspur viel zu schnell an mir vorbei. Ich beteilige mich nicht an diesem Wettrennen, sondern fahre gemächlich weiter.

Immer wieder stelle ich fest, dass viele Manager viel zu viel Zeit für ihre Arbeit verwenden. 60 bis 70 Stunden die Woche sind eher die Regel als die Ausnahme. In meinen Seminaren stelle ich den Teilnehmern folgende Fragen:

Trainer: „Wie viele Stunden in der Woche arbeiten Sie?"

Teilnehmer: „Mehr als 60 Stunden sind es immer!"

Trainer: „Wie alt wollen Sie denn werden?"

Teilnehmer: „Sie glauben, das ist zu viel? Wenn Sie mir zeigen, wie ich mit weniger Aufwand meine Ergebnisse erreichen kann, können wir gerne darüber reden!"

Führungsqualität wird leider zu oft in Arbeitszeit denn in Qualität gemessen. Die Hälfte aller Sitzungen, Präsentationen, Mitarbeitergespräche dauert meiner Erfahrung nach zu lange, die andere Hälfte dauert viel zu lange. Zwar kann ich meinen Teilnehmern mit dem „15-Minuten-Zielgespräch" eine Methode zeigen, mit der sie in viel weniger Zeit wesentlich bessere Ergebnisse erreichen. Wir können auch lernen, Probleme direkt anzusprechen und wesentlich effizienter zu bearbeiten. Ich frage mich aber oft, ob diese Arbeitserleichterung wirklich das ist, was die Teilnehmer suchen. Wenn sie konsequent an der Verringerung ihrer Arbeitszeit arbeiten würden, würden sich die Erfolge bald einstellen. Dann stünde aber plötzlich Freizeit zur Verfügung, und die große Frage ist, was denn mit dieser Freizeit anzufangen wäre. Wenn der plötzliche Impuls, über sich selbst und den Sinn des eigenen Lebens nachzudenken, nicht mehr durch den nächsten Termin abgewürgt würde. Insofern ist der enorme Zeitaufwand im Job auch ein Schutz gegen die Beschäftigung mit der eigenen Lebenssituation. Nicht selten erleiden gestresste Manager dann ein „Burnout" oder einen Herzinfarkt. Ist man erst einmal krank, dann spielt plötzlich die Zeit überhaupt keine Rolle mehr. Alles andere wird plötzlich nebensächlich. Doch wir sollten es nicht erst soweit kommen lassen. Auch ich war in den letzten Jahren oft zu sehr im Hamsterrad des Berufes gefangen. Dass ich nun etwas für mich tun durfte, erschien mir wie ein großes Geschenk.

Wenige Kilometer Schnellstraße liegen noch vor mir. Ich muss aufpassen, dass ich die Ausfahrt nicht versäume. Der Schneefall hat aufgehört. Ich werde bis zum Beginn des Seminars noch ein paar Stunden Zeit haben und freue mich darauf, eine Stunde zu joggen. Ich höre die Nachrichten im Radio. Alle reden von der Weltwirtschaftskrise.

Ich frage mich, wie es dazu kommen konnte, dass das gesamte Finanzsystem der Weltwirtschaft zu zerbrechen droht. Wieso muss es jedes Jahr ein Wachstum der Wirtschaftsleistung eines Landes geben? Wieso gibt man sich nicht mit ein paar Prozent Gewinn für sein erspartes Kapital zufrieden? Warum ist man bereit, für wesentlich höheren Gewinn zu spekulieren und dafür auch einen totalen Verlust des Ersparten in Kauf zu nehmen? Warum vergeben Banken Kredite, die schon bei kleinen Veränderungen der finanziellen Situation einer Familie nicht mehr getilgt werden können? Das vernünftige Maß ist uns in vielen Bereichen des Lebens leider völlig abhanden gekommen. Altbewährte Werte und Regeln sind verloren gegangen bzw. haben in unserer Gesellschaft keinen Platz mehr. Die Krise der Weltwirtschaft ist ein Ergebnis der Gier des Menschen nach immer mehr Gewinn. Ich hoffe, eine ganz andere Art von Gewinn einzufahren, wenn ich mich auf das kommende Seminar einlasse.

Ich fahre von der Schnellstraße ab und biege auf die Landstraße ein, die durch einen dichten Wald hinaus zum Kloster führt. Der Himmel lichtet sich ein wenig, da und dort scheinen ein paar Sonnenstrahlen zaghaft durch.

Das Kloster liegt auf einer Anhöhe oberhalb eines Badesees. Der Blick von dort aus ist atemberaubend schön, die Umgebung lädt zum Joggen oder Radfahren ein. Im Sommer ist ein Sprung in den See ein Muss.

Auf das Seminar bin ich sehr gespannt. Vor Monaten hatte ich damit begonnen, Seminarangebote im deutschsprachigen Raum zu suchen, die mir in meiner Situation helfen würden. Das Angebot dafür im Internet ist vielfältig. Gestresste Manager, die verbrauchte Batterien wieder aufladen wollen, finden heutzutage eine reiche Auswahl an Seminaren. Zufällig landete ich eines Tages auf der Homepage eines Benediktiner-Klosters.

Das Kloster bietet ein vielfältiges Angebot zur spirituellen Entwicklung an. Ich suchte nach Seminaren im Dezember und stieß auf ein Angebot mit dem Thema „Einkehr und Verwandlung", durchgeführt von dem Abt des Klosters. Der Titel faszinierte mich und machte mir zugleich Angst. War ich bereit, loszulassen und mich einzulassen? Ich wusste, dass gerade Benediktiner gefragte spirituelle Begleiter für suchende Menschen sind. Ich hatte auch schon von der Benediktsregel gehört, die seit Jahrhunderten unterschiedlichsten Menschen Orientierung gegeben hat und zur Quelle des Lebens führen will. In der Seminarbeschreibung war von „Meditation", „Gebeten" und „Aussprachemöglichkeiten" die Rede. Wollte ich mich darauf wirklich einlassen?

Ich gehe durch das wunderschöne alte Eingangstor des Klosters. Mein Blick fällt auf den Innenhof, die Kirche und den Kreuzgang. Ich habe das Gefühl, dass ein Stein von meinem Herzen fällt. Wer hier „einkehrt", der ist wohl im selben Augenblick „verwandelt". Ich beziehe mein Zimmer und genieße die herrliche Aussicht auf den See. Ich ziehe mich um und freue mich auf einen wunderbaren Lauf durch den Wald, rund um das Kloster und den See.

Ich bewundere die Ordnung, die in der Natur seit so vielen Jahren herrscht. Wie oft ist es wohl schon Tag geworden, und wieder Nacht? Wie oft ist auf einen Winter ein Frühling gefolgt und auf einen Sommer ein Herbst? Wir haben es verlernt, mit dieser Ordnung zu leben. Unsere Unternehmungen sind von Entscheidungen geprägt, in denen es darum geht, die augenblickliche Situation möglichst gut zu bewältigen. Was aber heute gilt, kann morgen schon wieder unbedeutend sein. Die Mitarbeiter klagen dann, dass sie sich nicht orientieren können und dass sie immer wieder neue Baustellen vorgesetzt bekommen, auf denen sie sich bewähren sollen. Arbeitsprozesse laufen scheinbar ungeplant und zufällig ab. Dies trifft auch auf den Verkauf zu: Dort gibt es selten eine klare Vorstellung davon, wie viele Verkaufsgespräche ein Verkäufer an einem Tag durchführen soll und was in diesen Verkaufsgesprächen genau passieren soll. Und wenn Führungskräfte doch eine konkrete Vorstellung haben, dann ist diese Vorstellung oft nicht bis zu den Verkäufern vorgedrungen. Meist gibt es auch keine klaren Regeln, was passiert, wenn sich jemand nicht an die vereinbarten Abläufe hält. Wenn Controllingprozesse nur zaghaft stattfinden, wenn bei Fehlverhalten keine Konsequenzen folgen, hat es keinen Sinn, Regeln aufzustellen.

Die Laufstrecke führt mich über gut ausgebaute Forstwege durch einen dichten Nadelwald. Mit jedem Schritt fühle ich mich leichter. Ich komme immer wieder an Lichtungen vorbei, die das Kloster und den See aus unterschiedlichsten Perspektiven zeigen. Ich lasse diese unterschiedlichen Eindrücke auf mich wirken und fühle mich großartig.

Ich kann es noch gar nicht glauben, dass ich mich zu diesem Schritt entschließen konnte, einfach einmal auszusteigen. Zugleich überkommt mich auch ein schlechtes Gewissen, weil ich mir diese Zeit genommen habe und die Versorgung unseres Hauses und der Familie wieder ganz zu Lasten meiner Frau geht. Ich stelle mir vor, wie meine Frau gerade in diesem Augenblick unsere kleine Tochter versorgt und sich um die großen Jungs kümmert. Dabei ist sie aber auch berufstätig. Ich kenne viele Familien, die sich in ähnlichen Situationen befinden: Man hat ein schönes Haus gebaut, das zum Teil fremdfinanziert ist, man hat Kinder, die einen fordern. Beide Elternteile sind berufstätig, der Mann verdient den Großteil des Familieneinkommens, dafür ist er aber auch nie da. Die Situation stellt für alle Beteiligten eine Überforderung dar, irgendwie rettet man sich dann mit letzter Kraft in den Jahresurlaub.

Die Ordnung in den Familien ist in den letzten Jahren sehr aufgeweicht. Kinder werden dazu erzogen, sich selbst am wichtigsten zu nehmen. Man will ihnen in einer möglichst antiautoritären Erziehung eine Freiheit anbieten, die sie aber eigentlich überfordert. Väter sind zwar heute meistens bei der Geburt dabei, dann folgt möglicherweise noch eine „Babypause", ehe sie sich wieder in die Berufsrolle verabschieden. Die Hauptlast der Erziehung liegt aber bei den Müttern, die sich von dieser Rolle völlig vereinnahmen lassen und jeden kleinen Entwicklungsschritt ihres Sprösslings feiern wie das Konzert eines Superstars bzw. Angst haben, wenn im Krabbelkreis einige Kinder im gleichen Alter vielleicht schon zwei Wochen früher mit dem Krabbeln begonnen haben. Auf diese Weise werden vorerst kleine und später größere Nervensägen erzogen, die sich selbst als Mittelpunkt der Welt erleben und im Kauf von Designerklamotten und Unterhaltungselektronik vergeblich einen Halt suchen, den früher eine intakte Familie geboten hat. Wie hart die Eltern das Geld verdienen, ist für die Kinder und Jugendlichen schwer nachvollziehbar, weil sie damit aufgewachsen sind, dass immer genug Geld vorhanden ist. Und wenn das Geld einmal knapp wird, dann muss man eben eine Plastikkarte in einen Geldautomaten schieben. Das Wort der Eltern ist kein Machtwort mehr, die Kinder lernen schnell, immer das letzte Wort zu haben. Dieses Verhalten der Kinder ist aber in Wahrheit ein Betteln um Regeln und Orientierung. In vielen Familien fehlt die Kraft dafür, sich mit den Kindern in dieser anstrengenden Art und Weise auseinanderzusetzen. Da geben die Eltern dann lieber wieder einmal nach, und damit beginnt der Kreislauf dann von Neuem.

Der Kampf der Geschlechter spielt in diesem Zusammenhang auch eine bedeutende Rolle. Die Väter sind nicht mehr die „Chefs" in der Familie. Die Kinder erleben in der Beziehung ihrer Eltern sehr oft einen Kampf um die Macht, und sie verstehen es geschickt, aus dieser Situation Vorteile für sich selbst herauszuarbeiten, indem sie Vater und Mutter gegeneinander „ausspielen". Das ganze Emanzipationstheater hat viel von der Natürlichkeit des Miteinanders von Mann und Frau genommen und für Verunsicherung in der Rollenwahrnehmung gesorgt. Ich nehme mir vor, in diesem Seminar meine Aufgabe und Rolle in meiner Familie zu überdenken und mich wieder stärker in den Erziehungsprozess meiner Kinder einzubringen.

Gerade in dem Augenblick, als ich wieder am Kloster ankomme, beginnt es zu regnen. Ich freue mich, dass ich für meinen Lauf genau die richtige Stunde erwischt habe. Nach dem Duschen habe ich noch Zeit, das Kloster ein wenig zu erkunden. Im kleinen Kaffeehaus steht ein Flügel. Ich setze mich und spiele ein paar Takte. Es macht mir großen Spaß, die Tasten fühlen sich ganz leicht an, und so verweile ich eine halbe Stunde am Klavier. Dann ist es aber an der Zeit, mich in den Seminarraum zu begeben. Andere Teilnehmer stehen schon vor dem Seminarraum. Wir begrüßen uns. Der Seminarleiter taucht am Ende des Ganges auf und kommt mit festen, zügigen Schritten und lächelnd auf uns zu. Schon von Weitem fällt mir der wunderschöne, weiße Vollbart auf. Der Abt trägt einen schwarzen Rock (Habit), eine Jeans und Sportschuhe. Ich betrachte ihn ein paar Augenblicke und denke mir, dass ich mir einen Mönch genau so vorgestellt habe. Außerdem fällt mir auf, dass ein Habit einen Mann sehr gut kleidet. Wir gehen in den Seminarraum, ich bin gespannt darauf, was mich erwartet.

2. Kapitel

Bei den Benediktinern: Einkehr und Verwandlung

Wir sitzen im Kreis. Eine wohltuende Stille macht sich breit. Der Abt sieht freundlich in die Runde und wartet noch ein paar Sekunden ab. Dann stellt er sich vor, berichtet ein wenig über seinen Werdegang und die Geschichte dieses Seminars. Schließlich sagt er mit fester Stimme und einem freundlichen Lächeln: *„Wir haben hier folgende Ordnung."* Er geht zum Flipchart, schreibt Seminarzeiten auf und gibt weitere organisatorische Hinweise.

In diesem Moment passiert etwas sehr Wichtiges in meinem Leben. Ich fühle mich von dem Wort *„Ordnung"* sofort angesprochen, und mir wird klar, dass dieses Wort einen ganzen Seminarablauf beschreiben kann:

- Seminarzeiten,
- Essenszeiten,
- Zeiten, in denen geschwiegen wird,
- Zeiten, in denen Unterhaltung angesagt ist,
- Zeiten, die wir gemeinsam im Seminarraum verbringen,
- Freizeiten, um das im Seminarraum Erlebte wirken zu lassen und mit seinem eigenen Leben in Einklang zu bringen,
- Zeiten für das gemeinsame Gebet.

Keiner der Teilnehmer kommt auf die Idee, über die Ordnung in irgendeiner Form zu verhandeln. Sie ist einfach da, für alle gleich, eindeutig festgelegt und kommuniziert. Die Gewissheit, dass jemand für meine nächsten drei Tage eine Ordnung geschaffen hat, tut mir gut.

Der Pater hält ein Impulsreferat, in dem es um die Kernpunkte *hinhören, zuhören, hineinhören und den Umgang mit Stille geht.* Ich ertappe mich dabei, dass ich mir in letzter Zeit selbst wenig Zeit genommen habe, zuzuhören. Seit Jahren hetze ich von Seminar zu Seminar und nehme mir für mich und meine Familie viel zu wenig Zeit.

Beim gemeinsamen Abendessen sitzen wir nebeneinander und schweigen. Niemand erwartet, dass einer aus der Gruppe eine Unterhaltung anfängt, im Gegenteil: Die Ordnung hat festgelegt, dass wir schweigend und bewusst jeden Bissen unseres Essens genießen sollen. Noch nie hat mir eine Tomatensuppe so gut geschmeckt. Dazu wird frisches Bauernbrot gereicht. Ich genieße es sehr, die knackige Rinde länger als notwendig zu zerkauen. Anschließend folgt wieder eine Einheit im Seminarraum. Der Pater bittet uns, vorher noch auf unsere Zimmer zu gehen und die dort ausliegende Bibel mitzubringen

Wenig später gehe ich mit der Bibel in der Hand über einen dieser langen Gänge. Plötzlich erscheint mein Spiegelbild in einem der Fenster. Ich halte kurz an und betrachte den Mann, der da vor mir steht: Er kommt mir ein bisschen fremd vor, die Bibel in der Hand scheint noch nicht ganz in das Gesamtbild zu passen. Ich atme mehrmals tief, dann gehe ich weiter.

Als ich im Seminarraum angekommen bin, sind die anderen Teilnehmer schon dabei, eine bestimmte Textstelle in der Bibel zu suchen. Der Pater hatte gebeten, den vierten Psalm aufzuschlagen. Und so sitze ich nun da, und blättere in diesem großen Buch herum. Ich beobachte die anderen Teilnehmer aus den Augenwinkeln und bin erleichtert, dass es ihnen nicht besser ergeht als mir. Es wird vor- und wieder zurückgeblättert. Manche studieren das Inhaltsverzeichnis, das scheint das Problem auch nicht zu lösen. Ich wundere mich über uns alle, wie fremd uns die Bibel geworden ist. Schließlich hat der Pater ein Einsehen und gibt uns die Seitenzahl an. Wir lesen den Psalm so, wie es die Mönche im gemeinsamen Gebet tun. Ein Vorbeter beginnt und liest die ersten zwei Zeilen vor, und die nächsten beiden Zeilen werden dann von allen gemeinsam gelesen. Und dann immer so weiter, bis zum Ende des Psalms. Danach tritt Stille ein. Die Lesung des Psalms endet damit, dass jeder den Zweizeiler vorliest, der ihn am meisten bewegt hat. Der vierte Psalm trägt die Überschrift „*Ein Abendgebet*". Der Text fordert den Leser auf, seine Sorgen in die Hände Gottes zu legen, und in diesem Gottvertrauen einfach in Frieden einzuschlafen. Der Psalm endet mit den Worten: „Ich werde mich ganz in Frieden niederlegen und schlafen, denn du, Herr, lässt mich, auch wenn ich alleine bin, sicher wohnen."

Es ist 20:30 Uhr. Ich gehe auf mein Zimmer und schlafe zufrieden ein. Spätestens beim Aufwachen am nächsten Tag bin ich voll und ganz in dieser geheimnisvollen Welt des Klosters angekommen. Das Schweigen beim Frühstück erlebe ich als ganz selbstverständlich. Warum sollte man sich durch Smalltalk von dem bewussten Genuss eines Honigbrötchens ablenken lassen?

Wir befinden uns wieder im Seminarraum und sprechen über das „*rechte Maß*", ein Thema, das im Leben der Benediktiner und im Zusammensein aller Mönche eine entscheidende Rolle spielt. In den reichen Ländern der westlichen Welt hat man jedes Gefühl für das rechte Maß verloren. Kinder werden mit Handytarifen versklavt, die ihnen 1000 Gratis-SMS im Monat garantieren. Das heißt aber auch, dass ein Kinder nur dann „in" ist, wenn es diese 1000 SMS auch tatsächlich verschickt. Kinder sind dann wohl mindestens 20 Stunden im Monat damit beschäftigt, SMS zu versenden und eingehende SMS zu lesen. Die Texte, die Inhalt solcher SMS sind, sind meist so banal, dass ein Erwachsener nicht verstehen kann, was ein Kind überhaupt dazu antreibt.

In der heutigen Zeit ist alles da. Kinder können sich nicht vorstellen, wie viel Eltern arbeiten müssen, damit sie in einem solchen

Luxus leben können. Allerdings kann man den Kindern dies nicht zum Vorwurf machen, sie haben es von klein auf so erlebt und kennen es nicht anders.

Die Maßlosigkeit im Umgang mit den Medien erweist sich für viele Kinder als Problem, die Internetsucht ist zu einer Plage der Menschheit geworden. Der ständige Druck, Hard- und Software erneuern zu müssen, bedeutet Stress für alle Beteiligten: für die Kinder, die ihren Eltern die neuesten Versionen entlocken wollen, und für die Eltern, die ihren Kindern diese Wünsche nicht erfüllen können oder wollen. In den Büchern für die Kleinsten wird klar beschrieben, was sich ein ordentliches kleines Kind zu wünschen hat. Meine kleine Tochter Valerie hat eine entzückende Buchreihe über das Leben der kleinen Connie. Die Titel der Reihe sind „Connie lernt reiten", „Connie geht ins Ballett", „Connie fährt auf Urlaub", und ähnliche mehr. Eine Zeit lang hatte mein Töchterlein das Buch über das Reiten als Lieblingsbuch ausgewählt, und ich las ihr diese Geschichte sehr oft vor. Wen wundert es, dass wir bald auf einem Pferdehof die ersten Reitstunden für Valerie vereinbaren mussten. Auf der Fahrt nach Hause sagte Valerie einmal, dass sie ihr ganzes Taschengeld sparen will, um sich selbst ein eigenes Pony kaufen zu können. Genau das hatte Connie im Buch natürlich vorgezeigt. Ich dachte mir, dass es dringend an der Zeit wäre, Bücher mit ganz anderen Titeln auf den Markt zu bringen, wie z.B. „Connie lernt sparen" oder „Connie lernt Regeln für ihr Leben".

Wir Erwachsenen sind aber keineswegs besser. Wir sehen uns ständig mit einem Übermaß an Arbeitsstunden konfrontiert und versuchen, die Anforderungen zu erfüllen. Anderenfalls würden wir in unserem Job wohl nicht lange überleben. Wenn dann wieder jemand nach jahrelanger Überforderung am plötzlichen Herztod gestorben ist, kann man zusammenfassend sagen: „Sein ganzes Leben war Arbeit." Angesichts dessen überlegen viele, ihr Leben zu ändern, es mit Sinn und nicht nur mit Arbeit zu füllen. Doch bei diesen Vorsätzen bleibt es oftmals. Dabei ist es doch so lebenswichtig, das richtige Maß an Arbeit zu finden.

Das rechte Maß scheint auch beim Essen und Trinken nur schwer zu finden zu sein. Wir beobachten, dass Menschen viel zu wenig essen, weil die Gesellschaft magere Models auf den Laufstegen sehen will. Genauso gibt es natürlich Menschen, die viel zu viel essen, weil es eben zu allen Gelegenheiten im Überfluss angeboten wird. Das rechte Maß ist auch beim Trinken von Alkohol schwer zu finden.

Die Benediktiner haben für das Trinken von Alkohol als tägliches Maß ein „Hemina" eingeführt, was etwa einem Glas Wein entspricht. „Dem es gegeben ist, darauf ganz zu verzichten, der möge es tun", sagt die Regel. Benedikt weiß aber auch genau, dass der Mensch schwach ist, und gesteht den Mönchen den Genuss von Alkohol zu, aber eben im rechten Maß.

Nach dieser Arbeitseinheit sind wir wieder frei für die Reflexion der Inhalte. Die Gruppe löst sich auf, jeder schlägt die für ihn passende Richtung ein. Bei mir ist jetzt ein Erkundungsgang durch das Kloster angesagt. Die langen Gänge und die abgenützten Stufen zwischen den Stockwerken erinnern an die vielen Mönche, die sich dort schon vor Jahrhunderten bewegten. Interessant sind auch die vielen architektonischen Details und die kunstvollen Statuen von Heiligen. Manche lächeln, manche blicken ernst, aber alle rufen beim Betrachter eine andächtige Ruhe hervor. Auch die Bibliothek ist beeindruckend: Die vielen Bücher, zum Teil aufwändig gestaltet und kunstvoll verziert, üben eine fast magische Anziehungskraft aus. Dieser Ort verbreitet eine besonders dichte Atmosphäre. Ich fühle intensiv, welche Weisheit sich mir auftut. Aber auch die Stille und der Friede, den dieser Raum ausstrahlt, sind förmlich zum Angreifen. Ein Buch spricht mich besonders an: Es ist aus dicker Pappe, braun und grün verziert. Goldene Buchstaben schmücken die Vorderseite des Einbandes. Ich schlage das Buch auf und bewundere die kunstvoll gestalteten mehrfarbigen Buchstaben, die bis ins Detail so exakt bearbeitet sind, dass man meint, einen maschinell hergestellten Druck vor Augen zu haben. Die ersten Buchstaben zu Beginn eines Kapitels sind viel größer als die anderen Buchstaben und stellen – jeder für sich – ein kleines Kunstwerk dar. Der Abt hat mir erzählt, dass dieser Raum das Skriptorium, die Schreibstube der Mönche, gewesen ist. Es gab Mönche, die ein ganzes Leben lang an der Abschrift der Bibel gearbeitet haben. Viele sind im Laufe der Zeit fast oder ganz erblindet, weil das Licht für so intensive Schreibarbeiten nicht ausreichend gewesen ist. Trotzdem ist das Skriptorium bei allen Mönchen sehr beliebt gewesen, da es der einzige Raum im Kloster war, der immer geheizt war. Ich gehe noch eine Runde im Klosterhof herum, um ein bisschen frische Luft zu schnappen. Es ist sehr kalt. Ich frage mich, wie die Mönche in früheren Zeiten der Kälte Herr werden konnten. Geheizt wurde wenig, und das Gewand der Mönche war wohl auch nicht sehr winterfest. Mit dem Gong der Klosterkirche kehre ich wieder in den Seminarraum zurück.

Die nächsten Einheiten des Seminars sind der *Ordnung* gewidmet. Der Abt hat ein kleines, schwarzes Büchlein mitgebracht und legt es auf den Teppich in die Mitte des Sesselkreises. Vom schwarzen Einband knallen mir goldene Buchstaben entgegen: *Die Regel des Heiligen Benedikt*. Alle lauschen den Worten des Abtes. Wir erfahren, dass Benedikt die Regeln im Kloster Monte Cassino in Italien um circa 500 nach Christus geschrieben hat. Grundlage der Regel ist die Bibel, deren Inhalte von Benedikt in einer sehr praktischen Anweisung für den Umgang der Mönche miteinander ausformuliert wurden. Die Regel ist nicht nur die Grundlage der Ordnung in den Benediktinerklöstern geworden, auch andere Orden berufen sich auf die Benediktsregel. Darüber hinaus hat die Regel den westlichen Kulturkreis sehr beeinflusst und ist zum Beispiel in Deutschland auf einen außerordentlich fruchtbaren Boden gestoßen.

Benedikt hat jedes Detail des klösterlichen Zusammenlebens genau festgelegt. Wir finden präzise Anweisungen für die Kommunikation zum einen zwischen dem Abt und den Mönchen und zum anderen in Bezug auf die Kommunikation der Brüder untereinander gemäß ihrer Rangordnung. Es gibt genaue Vorschriften im Hinblick auf Zeit und Inhalt der Gebete. Zudem wird der Umgang mit Kranken und mit Gästen thematisiert. Die Nahrungsaufnahme, die Arbeitsprozesse im Kloster und vieles mehr werden ausführlich behandelt. Das berühmte „ora et labora" („Bete und arbeite") ist im Laufe der Zeit noch um den Begriff des Lesens („lege") ergänzt worden. Die Lesung ist für die Mönche der heutigen Zeit ein wichtiger Inhalt ihres Lebens geworden. Früher hatte dieser Bereich noch nicht jene große Bedeutung, da viele Menschen noch gar nicht lesen konnten. Wir finden in der Benediktsregel auch Strafverfahren, die anzuwenden sind, wenn sich jemand nicht an die Ordnung hält. Das wichtigste aber, sagt Benedikt, ist *die Liebe, die über der Ordnung stehen muss.*

Eigentlich wollte ich mich während des Seminars nicht mit meinem Beruf beschäftigen. Das Thema Ordnung schreit aber geradezu danach, in die Welt hinausgerufen zu werden. Die ungeordneten Prozesse in den Unternehmen, deren Führungskräfte und Verkäufer ich in den letzten Jahren in meinen Seminaren hatte, kamen mir schlagartig in Erinnerung. Auch die Krise der Gesellschaft kommt mir in den Sinn, deren Hauptgrund ebenfalls die verlorene Ordnung ist. Wir können zwar zum Mond fliegen, wir können Wolkenkratzer bauen, die über 1000 Meter hoch werden. Wir können auch Waffen bauen, die die ganze Welt mit einem Schlag zerstören würden. Wir können den Bauplan der Sonne bis ins Detail zerlegen, aber die Ordnung im Umgang miteinander ist uns verloren gegangen.

Demut hat in der heutigen Zeit ihre Bedeutung verloren. Wir finden es nicht mehr erstrebenswert, einander zu dienen. Egoismus, Eigensinn und Habgier kennzeichnen das Streben unserer Zeit. Die antiautoritäre Erziehung erzeugt Rebellen, die das Gefühl für eine natürliche Unterordnung verloren haben. Wenn beispielsweise im Kindergarten – wie fast jeden Tag – „Freispiel" angesagt ist, kann es schon vorkommen, dass ein Kind fragt: „Müssen wir heute wieder spielen, was wir wollen?" Es gilt auch hier das rechte Maß, in diesem Falle, das rechte Maß an Freiraum, zu finden.

Nach dem gemeinsamen Abendgebet besuche ich noch die Hauskapelle. Die Ruhe tut mir gut. Gedämpftes Licht hüllt die hölzernen Bänke ein und spiegelt sich in den aus kleinen Glaskunstwerken gestalteten Fenstern. Besonders schön erscheinen mir die feuerroten Glasteilchen, die über alle vier Fenster hinweg eine scheinbar durchgehende Linie bilden, die zum Altar hin immer breiter wird. Der schlichte Altar ist aus Steinen und Metall geformt. Ich kann es fast nicht glauben, dass ich so still und friedlich in dieser Kirche sitze. Niemand stört mich. Kein Kunde will etwas von mir und auch niemand aus meiner Familie. Nun habe ich Zeit, über Erlebtes in Familie und Beruf nachzudenken.

Ich denke an meine Kindheit. Seit der Volksschule war ich Ministrant. Über Jahre hinweg habe ich häufig bei den beiden Frühmessen an Wochentagen um 6:15 und 6:45 Uhr in unserer Stadtpfarrkirche ministriert. Meine Mutter weckte mich an diesen Tagen um 5:45 Uhr. Zum Frühstück gab es einen Kakao und ein Marmeladenbrot, manchmal auch einen frisch gebackenen Kuchen als besondere Überraschung. Der Fußweg in die Kirche dauerte nur eine knappe Viertelstunde. Als ich wieder nach Hause kam, wartete meine Mutter mit meiner Schultasche in der Hand im Hauseingang. In der Regel kam ich pünktlich in die Schule. Wenn ich manchen Menschen von dieser Zeit erzähle, fragen sie sich, wie man einem kleinen Kind eine solche Aufgabe aufbürden kann. Für mich war es eine sehr schöne Zeit. Es gab eine Aufgabe und klare Regeln. All dies gibt Sicherheit. Zudem bekam ich die nötige Anerkennung. Was wollte ich mehr? Auf dem Weg von der Kapelle hin zu meinem Zimmer gehe ich noch in den Seminarraum. Ich nehme das kleine schwarze Buch „Die Regel des heiligen Benedikt" an mich. Im Zimmer angekommen mache ich es mir auf dem Bett gemütlich und lese die ersten Seiten. Das Buch fasziniert mich. Ich lese langsam und überdenke manche Aussagen mehrmals. Die Zeit vergeht wie im Fluge. Kurz nach Mitternacht habe ich das Buch durchgearbeitet. Danach versuche ich zu schlafen, die eben gewonnenen Erkenntnisse wollen mich aber nicht loslassen.

Es ist der dritte Seminartag, wir sind wieder im Seminarraum. Ich lasse meinen Blick in die Runde schweifen und habe das Gefühl, dass spätestens jetzt jeder Teilnehmer in dieser bezaubernden Welt angekommen ist. Die gestressten Manager – acht Männer und zwei

Frauen – sitzen ruhig im Kreis und blicken irgendwie befreit und erwartungsvoll auf den Pater.

Auf dem Programm steht nach wie vor die Benediktsregel. Diesmal steht ein Erfahrungsaustausch im Vordergrund. Manche Teilnehmer berichten über die Schwierigkeit, Beruf und Familie zu vereinbaren: Ihre Kinder bekommen die Väter oftmals nur einmal am Tag, und dann auch nur kurz, zu Gesicht. Auch am Wochenende muss manchmal einiges für die Firma auf- bzw. vorbereitet werden. So gehen die Tage dahin. Es gibt kaum noch gemeinsame Essenszeiten. Sind die Kinder erst einmal größer, so nehmen diese auch selten an den gemeinsamen Mahlzeiten teil. Ein Teilnehmer erzählt, dass er mit seinen etwas älteren Kindern manchmal am Abend ins Gespräch kommt. Allerdings habe er dabei oft Schwierigkeiten, den Draht zu ihnen zu finden. Auch viele Paare leben aneinander vorbei. Jeder hat seine Aufgaben zu bewältigen, und davon gibt es eine Menge. Und wenn dann einmal miteinander geredet wird, geht es nur noch um Organisatorisches. Alles Weitere bleibt auf der Strecke. Vieles wird zwischen den Partnern unter großem emotionalem Aufwand immer wieder neu verhandelt, weil es viel zu wenig geordnete Abläufe gibt. Die gewohnten Rollenmuster existieren kaum noch, die Rollen müssen immer wieder neu definiert werden. Dies ist konfliktträchtig. Wen wundert es da, dass viele Paare vollkommen verstummen?

Wir haben Vorweihnachtszeit. Der Abt liest eine von ihm selbst verfasste Geschichte vor, die das Wesentliche des Weihnachtsfestes auf eine rührende Art und Weise ausdrückt. Wir reden über Weihnachten. Jeder von uns assoziiert mit Weihnachten zunächst einmal Vorbereitungsstress. Erst unterm Weihnachtsbaum kehrt ein wenig Ruhe ein. Der Sinn des Weihnachtsfestes ist vielen völlig abhanden gekommen. Im Mittelpunkt stehen oftmals nur noch die Geschenke. Die ursprüngliche Bedeutung des Weihnachtsfestes, die Geburt Christi, ist vielen nicht mehr wichtig. Ja, es ist fast so, als ob man einen Geburtstag feiern würde, ohne dass das Geburtstagskind anwesend ist.

Gespannt hören wir dem Abt zu. In den Klöstern wird die Feier des Weihnachtsfestes nach einer bestimmten Ordnung gefeiert: Der Abt (oder die Äbtissin) holt die Brüder (oder Schwestern) in ihren Zimmern ab. Sie klopfen an die Türe und sagen die Worte: „Verbum caro factum est. Alleluja!" (Das Wort ist Fleisch geworden. Alleluja!) Die Antwort lautet: „Et habitavit in nobis. Alleluja!" (Und hat unter uns gewohnt. Alleluja!) Dann versammeln sich alle und ziehen in die Kirche. Dort wird eine mehrstündige Weihnachtsliturgie abgehalten. Ich kann mir vorstellen, wie viel Kraft eine solche Zeremonie einem Menschen geben kann.

Den letzten Abend verbringen wir in der Brauerei des Klosters bei zünftigem Essen und Bier. Die Stimmung ist ausgelassen. Wir lassen das Seminar noch einmal an uns vorüberziehen. Angeregt unterhalte ich mich mit zwei Managern, die große Vertriebsstrukturen führen. Das Thema Ordnung hat uns alle drei sehr fasziniert. Wir überlegen nun, wie wir die Erkenntnisse am besten auf den Vertrieb übertragen könnten, und sind uns schnell einig, dass eine feste Ordnung im Hinblick auf die Menge und die Inhalte der täglichen Arbeit für einen langfristigen Verkaufserfolg unabdingbar ist. Es reicht nicht aus, nur das „Was", beispielsweise die jährlichen Zielvorgaben, festzulegen und den Mitarbeitern zu verkaufen, sondern das „Wie", beispielsweise Verkaufs- oder Fragetechniken, muss ebenfalls mitgeliefert werden. Als Grundlage für Führungs- und Verkaufsgespräche müssen konkrete Fragen und konkrete Texte vorliegen und immer wieder trainiert werden. Einig sind wir uns darüber, dass Standards von den Mitarbeitern geschätzt und verwendet werden, wenn sie ausreichend trainiert wurden und verbindlich festgelegt sind. Beim „Wie" gibt es also noch enormen Nachholbedarf.

Der letzte Tag steht ganz im Zeichen der gemeinsamen Messe. Der Abt zelebriert die Messe und erklärt uns immer wieder, warum dieser oder jener Akt gerade stattfindet und welche Bedeutung er hat. Zum Schluss feiern wir zusammen das Abendmahl. Ich beobachte die Körperhaltung und die Gestik der einzelnen Teilnehmer und habe den Eindruck, dass sich der Großteil zu diesem Zeitpunkt auf ungewohntem und damit unsicherem Terrain befindet. Andererseits werden die meisten der Gebete von allen zumindest still mitgebetet. Es scheint also doch so zu sein, dass jeder Einzelne vor möglicherweise sehr langer Zeit Erfahrung mit Kirchenbesuchen gesammelt hat. Für die Wandlung bittet uns der Pater, zum Altar zu kommen. Alle gehen zur Kommunion, alle trinken vom Messwein. Ein tiefes Gefühl der Nähe und Verbundenheit ist zu spüren.

Auf der Heimfahrt hat es wieder zu schneien begonnen. Ich habe das Gefühl, von einer Reise, die mich in ein ganz weit entferntes Land geführt hat, wieder nach Hause zu kommen. Die Ruhe ist vorbei, der gewohnte Alltagslärm macht sich breit. Die Kinder toben, der Fernsehapparat läuft lautstark. Daran muss ich mich erst wieder gewöhnen. Am späten Abend erzähle ich meiner Frau ausführlich von meinen Erlebnissen und Eindrücken. Zum einen soll auch unsere Familie von einer neuen Ordnung profitieren. Zum anderen möchte ich die neuen Erkenntnisse in meine Arbeit als Trainer sinnvoll einfließen lassen. Letzteres habe ich inzwischen schon ganz gut geschafft. An Ersterem arbeiten wir wahrscheinlich noch eine ganze Weile ...

3. Kapitel
Die Benediktsregel

Benedikt wurde um 480 bei Nursia in Umbrien geboren. Er wurde als junger Mann zum Studium nach Rom geschickt, das er allerdings bald wieder abbrach, um sich einer Asketengemeinschaft anzuschließen. Später zog er sich für drei Jahre in den kleinen Ort Subiaco im Aniotal zurück. Bald scharten sich Schüler um Benedikt. 529 zogen alle gemeinsam auf den Monte Cassino, wo die Brüder in klösterlicher Gemeinschaft zusammenlebten. Der Mönchsvater selbst verstarb dort um 547. Er hatte der Nachwelt mit seiner „Regel" ein viel beachtetes Erbe hinterlassen.

Das Wort „Regel" bezeichnet dabei die Summe aller Ordnungen und Verhaltensvorschriften, die darunter subsumiert sind. Die „Regel" ist als schriftlich niedergelegte Ordnung zu verstehen, die in einem Kloster das Leben der Gemeinschaft regelt. Den Oberen eines Klosters ist es durchaus erlaubt, von der Regel in einzelnen Details dort abzuweichen, wo es sinnvoll erscheint. Die jeweils gültige Fassung der Regel eines Klosters muss aber in schriftlicher Form vorliegen. Die Mönche haben den Auftrag, diese Regel dreimal im Jahr vollständig zu lesen.

Grundlage der Regel ist die Bibel. Wer sich die Mühe macht, dieses Werk wieder einmal in die Hand zu nehmen, wird sehen, dass dort alles steht, was man zur sinnvollen Regelung einer Gemeinschaft im Umgang miteinander benötigt. Für Benedikt ist also die Bibel die Regel schlechthin, und die Klosterregeln sind aus der Bibel abgeleitete Verhaltensrichtlinien für den konkreten Alltag im Kloster. Die christliche Lebensanweisung, insbesondere die zehn Gebote, sind das Rückgrat der Klosterregeln. Benedikt baut auch auf früheren Regeltraditionen auf, die schon lange vor seiner Zeit aus ersten Mönchsgemeinschaften entstanden sind und ihm sicher bekannt waren. Die Regel ist in 73 Kapitel unterteilt, die zwischen wenigen Zeilen und mehreren Seiten lang sind. Der Mönch (wörtlich: ein für sich allein Lebender) entscheidet sich aus freiem Willen, der Gemeinschaft in einem Kloster anzugehören. Er ordnet sich dem Abt und der Regel unter. Ein Neueintretender hat den Rang eines Novizen. Er wird einem Novizenmeister zugeteilt, der ihn als geistlicher Beistand durch die ersten Jahre im Kloster begleitet. Wenn der Novize sich dann entscheidet, dass er bleiben will, und die Gemeinschaft der Brüder bereit ist, ihn aufzunehmen, legt er die Profess (das ewige Treuegelübde) ab. Von da an ist er vollwertiges Mitglied der Gemeinschaft im Kloster.

Die Regel soll das Vertrautwerden der Mönche mit der „*geistlichen Kunst*" erleichtern, um auf diese Weise die „*Grundzüge benediktinischer Lebensgestaltung*" im Klosterleben zu ermöglichen.

3.1 Die geistliche Kunst

Hören:

Das Hören wird von Benedikt als Leitwort an den Beginn der Regel gestellt. Das Hören wird als eine Disziplin des Herzens und als Voraussetzung der Liebe bezeichnet, weil nur der, der hören kann, einen anderen verstehen wird.

Das Hören ist auch für mich als Trainer ein zentraler Begriff im Umgang mit meinen Seminarteilnehmern. Bevor man hören kann, müssen aber die richtigen Fragen gestellt werden. Idealerweise handelt es sich bei diesen Fragen um so genannte W-Fragen, also solche, die mit einem Fragewort beginnen. Wichtig ist es, im Anschluss an die Frage eine kurze Pause einzulegen. Nun wird der Gesprächspartner antworten, und man wird etwas von ihm erfahren. Das Hören ist unabdingbar, um im Training, beim Kunden, im Mitarbeitergespräch und natürlich auch in sämtlichen Privatgesprächen voranzukommen. In Führungsprozessen ist allerdings das „Predigen" oftmals deutlich mehr verbreitet als das Hören. Doch wer Menschen bewegen will, muss ihnen zuhören.

Gehorsam:

Mit hörendem Herzen wächst der Mönch in der Gemeinschaft in den Gehorsam hinein. Er stellt Anweisungen nicht in Frage, sondern trachtet danach, nach bestem Wissen und Gewissen Folge zu leisten. Der Mönch denkt also nicht zuerst an sich und fragt sich, ob er das jetzt so will, sondern geht davon aus, dass die Erfüllung der Anweisung der Gemeinschaft und damit letztlich ihm selbst dient.

Diese Disziplin wirkt insbesondere beim Führen von selbstständigen Vermittlern auf den ersten Blick etwas befremdlich. Mit Gehorsam ist in diesem Zusammenhang natürlich nicht das kopflose Ausführen von Befehlen gemeint. Wichtig wäre aber, dass der Mitarbeiter ein solches Maß an Gehorsam mitbringt, das ihn offen für die Erwartungen der Führungskraft macht.

In der Kindererziehung ist „Gehorsam" ein Begriff, der in der heutigen Zeit nicht mehr verwendet wird, aber anscheinend trotzdem etwas ist, wonach sich Kinder manchmal sehnen. Im Urlaub führte ich mit meinem 14-jährigen Sohn das „Jawohl-Sir-Spiel" durch. Ich gab ihm eine Anweisung. Nach einem lauten „Jawohl Sir" eilte er davon und meldete wenig später die Erfüllung des Auftrags. Wir haben dabei sehr gelacht, und es war natürlich nur ein Spiel. Trotzdem war es interessant für mich zu beobachten, wie sehr einem 14-Jährigen ein „Gehorsam-Spiel" Spaß machen kann.

Schweigen:

Benedikt will im Kloster einen Raum des Schweigens schaffen, damit der Mönch sich öffnen kann für die Begegnung mit Gott.

Das Schweigen ist ein Zustand, den viele Menschen nur schwer aushalten. Unser Alltag ist so laut geworden, dass wir ständig von Geräuschen umgeben sind, die in uns eindringen. Der moderne Mensch hat verlernt, „für sich" zu sein, er benötigt ständig eine Ablenkung „von sich" selbst. In den Angeboten der Medienwelt finden wir diese Ablenkung in Hülle und Fülle.

Doch zurück zum Vertrieb: Verkäufer haben oftmals ein Problem damit, die Pause nach der Abschlussfrage abzuwarten. Es sind meistens nur wenige Sekunden, die über Abschluss oder Nichtabschluss entscheiden.

Beispiel:

Der Kunde wird vom Verkäufer gefragt: „Herr Kunde, wollen wir das so machen?" Es dauert einige Zeit, bis diese Frage beim Kunden akustisch ankommt. Anschließend wird die Frage im Gehirn bewertet. Die dabei aufkommenden Gefühle rufen dann das sogenannte Bauchgefühl hervor. Hält nun der Verkäufer die Pause nach der Abschlussfrage noch einen Moment lang aus, so verstärkt sich allmählich der Handlungsdruck beim Kunden. Viele Verkäufer warten nicht ab, sondern wollen den Kunden aus dieser Stress-Situation befreien. Auf die Frage: „Herr Kunde, wollen wir das so machen?" folgt dann die verhängnisvolle Zusatzfrage: „Oder haben Sie noch Fragen?" Jetzt fallen dem Kunden natürlich noch Fragen ein, und der ganze Abschlussprozess ist jäh gestoppt.

Demut:

Demütig wird der Mensch, wenn er im Laufe seines Lebens Schritt für Schritt von sich selbst frei wird.

Was heißt dies beispielsweise für die Führungskräfte? Die Demut sollte gerade im Leben von Führungskräften eine zentrale Rolle spielen. Die Führungskraft dient dem Geführten dann am meisten, wenn sie nicht selber ständig mit guten Ratschlägen glänzt, sondern davon ausgeht, dass das richtige Verhalten bereits im Innern des Mitarbeiters angelegt ist. Die Führungskraft hat nun die Aufgabe, durch die richtigen Fragen und die daran anschließende Pause dieses Wissen im Mitarbeiter wieder neu zu beleben. Die Aufgabe der Führungskraft ist dabei mit der Funktion einer Geburtshelferin vergleichbar.

Als Trainer habe ich schon seit Jahren nicht mehr das Bedürfnis, im Seminarraum im Mittelpunkt zu stehen. Ich habe gelernt, meine Person „zurückzunehmen". Ich stelle mich auf die Teilnehmer ein und versuche, den Anwesenden zu dienen und ihnen durch die richtigen Fragen den Zugang zu ihren eigenen Lösungsquellen zu ermöglichen. Auf diese Weise lerne ich sehr viel von den Teilnehmern. Wenn die von den Teilnehmern beschriebenen Lösungsansätze unpräzise sind, so ist die Präzisierung dann meine Aufgabe. Dadurch entstehen praktikable Tools für die nächste Gruppe. Ich leihe mir sozusagen von den Teilnehmern etwas aus, bearbeite es, und gebe es (hoffentlich) noch besser zurück, als ich es ausgeborgt hatte.

Demut heißt für mich aber auch zu vertrauen, dass ich geführt werde. Jeder von uns hat in Notsituationen schon einmal irgendeine höhere Macht um Hilfe angerufen.

Beispiel:

Eine Seminarteilnehmerin hämmerte jedes Wort, das ich sagte, in ihren Laptop. Dies störte die anderen Teilnehmer und mich enorm. Obwohl ich auf die schriftlichen Unterlagen am Ende des Seminares verwies, ließ sie sich nicht davon abbringen. Zunächst war ich ratlos. Die Lösung war dann folgende: Ich unterbrach meinen Vortrag und wendete mich der Teilnehmerin mit folgender Bemerkung zu: „Frau X, ich weiß jetzt, was mich am Mitschreiben stört. Wenn Sie den Laptop aufgeklappt haben und ständig auf den Bildschirm blicken, kann ich keine Beziehung zu Ihnen aufbauen."

Mit einem Lächeln der Erleichterung klappte die Teilnehmerin den Laptop zu. Sie konnte nun eine für sie offensichtlich ebenso unangenehme Situation beenden, ohne dabei das Gesicht zu verlieren.

Allgemeine Erleichterung machte sich breit, ich dankte im Stillen für die Hilfe und setzte das Seminar fort.

Das rechte Maß:

Die Mönche mögen in Allem das rechte Maß suchen und sowohl das Zuviel als auch das Zuwenig vermeiden.

Wir leben im Überfluss. Wenn Sie, liebe Leserinnen und Leser, an einem Samstagmorgen einen Supermarkt besuchen, werden Sie folgende Situation vorfinden: Alle Kassen sind geöffnet. Hinter jeder Kasse bildet sich eine Schlange von Wartenden, mit einem so vollen Einkaufswagen vor sich, als würde am Wochenende die Welt untergehen. Gleichzeitig leben wir jedoch auch in einer Zeit des Mangels, beispielsweise in Bezug auf unsere Paarbeziehungen. Wenn Sie ein durchschnittliches Paar in Deutschland eine Woche lang mit einer Stoppuhr begleiten würden, dann würden Sie feststellen, dass das Paar nur noch wenige Minuten am Tag miteinander redet.

Die größten Sünden im Wirtschaftsleben werden im Umgang mit der Zeit betrieben. Führungskräfte arbeiten mittlerweile so viel, dass ein menschlicher Organismus diese Belastung auf Dauer nicht aushalten kann. Damit aber nicht genug. Führungskräfte verbringen einen Teil dieser Zeit mit ihren Mitarbeitern, gestalten Team-Meetings, Projektsitzungen, Auftaktveranstaltungen, Mitarbeitergespräche, Fachschulungen und dergleichen mehr. Alle Versammlungen haben eines gemeinsam: Sie dauern entweder zu lange oder viel zu lange. Den Mitarbeitern wird dadurch viel Zeit geraubt.

Freude:

Die Mönche sollen in Freude leben können. Gegenseitiges Helfen, Stärken, Ermutigen soll diese Freude ermöglichen.

Je besser Menschen ihren Job ausüben, umso mehr Freude haben sie an ihm. An dieser Stelle führe ich gerne das Beispiel „Cross-

Selling" an und berichte über Mitarbeiter, die seit Jahren in einigen Sparten gut sind, aber eine bestimmte Sparte beim Kunden nicht ansprechen. Fragt man diese Mitarbeiter danach, welche Vorteile sie hätten, wenn der Kunde auch diese eine Sparte bei ihnen kaufen würde, kommen die richtigen Antworten: Die Kundenbeziehung wäre besser abgesichert, die Provision wäre höher usw. Helfen, stärken und ermutigen Sie Ihre Mitarbeiter. Ermutigen bedeutet in diesem Zusammenhang, mit einem Mitarbeiter eine Frage so lange zu trainieren, bis er das Thema elegant im Kundengespräch ansprechen kann. Er sollte die Frage sprichwörtlich im Schlaf aufsagen können.

Liebe:

Auf dem ganzen Weg des geistlichen Lebens ist die Liebe der Ausgangspunkt und das Ziel.

Lieben ist ein sehr hoher Anspruch. Es würde bereits genügen, wenn sich Mitarbeiter in unseren Unternehmen wertgeschätzt fühlten. Hier besteht meines Erachtens noch großer Nachholbedarf.

Wer in die Welt eines Klosters eintaucht, wird die vorgestellten Tugenden erleben und sich davon verzaubern lassen. Es stimmt natürlich einerseits, dass ein Kloster ein geschützter Raum ist, in dem es vielleicht leichter fällt, die beschriebenen Tugenden an sich heranzulassen und damit zu experimentieren. Andererseits sind die meisten Klöster hochprofitable Wirtschaftsbetriebe, auch wenn sie (oder gerade deswegen) die Liebe als oberste Maxime des Handelns betrachten.

3.2 DIE REGEL IM DETAIL

Im Folgenden wird die Benediktsregel in Auszügen vorgestellt und mit meinen Erfahrungen in Bezug auf vertriebliche Abläufe in Zusammenhang gebracht. Die Grundlage der Benediktsregel ist die Heilige Schrift, die von Benedikt als die „Regel schlechthin" bezeichnet wird. In den Klosterregeln wird die Weisung der Heiligen Schrift für den Gebrauch im konkreten Alltag eines Klosters aktualisiert.

Sie werden sehen, dass manche dieser Verhaltensanweisungen auch in Unternehmen angewendet werden, andere aber gar nicht. Somit bleibt ein hohes Maß an möglicher Produktivität ungenutzt. In der Benediktsregel werden Tagesabläufe und Handlungen konkretisiert, mit dem Ziel, der Gemeinschaft das Wachsen in der Beziehung zu Gott zu ermöglichen und auch die Versorgung der menschlichen Grundbedürfnisse sicherzustellen. In Wirtschaftsunternehmen lauten die Ziele natürlich anders. Gemeinsam ist jedoch, dass die Basis eine Grundordnung sein muss. Auf dieser Grundordnung bauen dann die jeweiligen Ziele auf. Auf der einen Seite steht also eine Grundordnung, auf der anderen Seite stehen eine Beliebigkeit und Zufälligkeit, die ich gerade in Führungs- und Verkaufsprozessen immer wieder antreffe.

Wenn ich im Folgenden aus dem *Regelwerk* zitiere, dann bezeichnet die erste Zahl die fortlaufende Nummer der Kapitel, die zweite Zahl den entsprechenden Absatz innerhalb eines Kapitels.

Die beschriebene Ordnung innerhalb der Regel ist als Grundmuster zu verstehen, wie eine Gemeinschaft miteinander möglichst konkret ein beschriebenes Ziel erreicht. Die Menschlichkeit und die Liebe stehen für Benedikt aber trotzdem als oberste Maxime über der Ordnung. *Der Abt hasse die Fehler, er liebe die Brüder (64/11).* Benedikt weiß auch um die menschlichen Schwächen seiner Mitbrüder sehr gut Bescheid. Er gibt einen genauen Ablauf vor, zu welchen Zeiten was gebetet werden soll, er sorgt aber auch dafür, dass diejenigen, die mal verschlafen und es deswegen nicht mehr ganz bis zur ersten Gebetsstunde in die Kirche schaffen, noch eine Chance haben, sich möglichst unauffällig in die Gemeinschaft einzureihen. Deshalb ist der erste Psalm zur Prim (erste Stunde des Tages, 6:00 Uhr) sehr *langsam und gedehnt zu singen (42/4).* Die Ordnung hat für Benedikt auch den Nutzen, dass sich jeder im Tagesablauf auskennt und nicht jeden Tag neu überlegen muss, welchen Pflichten er nachkommen soll. *Niemand soll verwirrt und traurig werden im Hause Gottes (31/19).* Die Zeit wird für das Erreichen des Unternehmenszieles optimal genutzt. Der Einzelne leistet seinen genau definierten Beitrag zur Entwicklung der Gemeinschaft, er hat aber auch den genau definierten Freiraum für seine eigene Entwicklung: *Am Sonntag sollen ebenfalls alle frei für die Lesung sein ... (48/22).*

Im Folgenden werden die zentralen Aussagen der Benediktsregel herausgestellt, auf den Vertriebsprozess übertragen und mit meinen Erfahrungen innerhalb der Verkaufs- und Führungsprozesse in Unternehmen, für die ich Seminare durchführe, verglichen.

3.2.1 DIE WICHTIGSTE AKTIVITÄT DES VERKÄUFERS IST DAS VERKAUFSGESPRÄCH

Dem Gottesdienst soll nichts vorgezogen werden (43/3)

Wenn der Sinn eines sozialen Systems darin besteht, Gott zu finden, dann darf dem Gottesdienst eben nichts vorgezogen werden. Das leuchtet ein. Wenn der Sinn eines sozialen Systems darin besteht, Produkte zu vertreiben, dann sollte dem Verkaufsgespräch nichts vorgezogen werden. Das leuchtet wohl ebenso ein, *wird aber in der Praxis nicht gelebt.*

Viele Verkäufer planen leider immer noch ihre Verkaufstermine beliebig und zufällig. Oftmals ist nicht ersichtlich, wie viele Verkaufsgespräche die Verkäufer am Tag durchführen. Fragt man die Führungskräfte in den Seminaren, so hört man oftmals folgende lapidare Antworten: „Das hängt davon ab ...", „Das ist mal so, mal so ...", „Im Schnitt sollten meine Verkäufer aber schon auf X Termine pro Woche kommen."

Es wird deutlich, wie ungeplant Vertriebsprozesse ablaufen. Meist ist nicht klar definiert, wie viele Verkaufstermine an einem Arbeitstag stattfinden sollen und bis wann die Terminvereinbarung für die nächste Arbeitswoche abgeschlossen sein soll. Der Verkäufer lebt munter in die Arbeitswoche und den Arbeitstag hinein. Mal führt er zwei Kundentermine durch, mal drei, oft einen und nicht zu selten auch gar keinen. Dramatisch ist, dass Führungskräfte die genaue Anzahl der durchgeführten Termine ihrer Verkäufer auch nie präzise wissen, sondern nur schätzen können. Wie will man jemanden entwickeln, wenn man nicht genau weiß, was er tut?

Verkaufserfolg setzt voraus, dass Verkaufsgespräche stattfinden. Wer regelmäßig eine bestimmte Anzahl von Verkaufsterminen am Tag durchführt, kann auf lange Sicht gar nicht anders, als erfolgreich sein. Leider schleichen sich immer wieder Ausreden ein, die uns davon abhalten, zum Kunden zu gehen. Die Administration wird oft als Vorwand vorgeschoben. Es stimmt einerseits schon, dass im Zuge von schlankeren Unternehmensstrukturen den Verkäufern auch immer mehr administrativer Aufwand aufgebürdet wird. Andererseits sehen Verkäufer auch relativ schnell ein, dass bei besserer Eigenorganisation mehr Kundentermine möglich wären. Es ist hierbei wieder entscheidend, die richtigen Fragen zu stellen.

Beispiel:

Führungskraft: „Wie viele Termine hatten Sie letzte Woche?"

Verkäufer: „Das waren sieben."

Führungskraft: „Wie viel Zeit benötigen Sie für die komplette Abwicklung eines Termins: von der Vorbereitung, über die Durchführung bis hin zur Nachbearbeitung?"

Verkäufer: „Also, das sind mindestens so um die drei Stunden, wenn man alles zusammenzählt."

Führungskraft: „Drei Stunden pro Termin, das sind 21 Stunden in der Woche. Wie viele Termine in der Woche trauen Sie sich zu?"

Der Verkäufer wird an dieser Stelle eine Zahl nennen, die deutlich über sieben liegt. Für Verkäufer, die Kundenbestände betreuen, gibt es auch die Möglichkeit zu fragen, wie oft denn seiner Ansicht nach ein Kunde im Jahr besucht werden soll, damit er sich gut betreut fühlt.

Die Grundlage des Verkaufserfolgs eines Unternehmens ist es, für die Anzahl der Verkaufsgespräche eine Ordnung zu finden, eine Anzahl zu benennen und *alles dafür zu tun,* dass dieses Vorhaben auch umgesetzt wird. Dazu gehören strenge Controllingprozesse, die helfen, dieses Vorhaben zu verwirklichen, aber auch administrative Vereinfachungen, die eine möglichst große Terminanzahl für die einzelnen Verkäufer ermöglichen. Alles andere ist zweitrangig: *Dem Kundengespräch soll nichts vorgezogen werden.*

3.2.2 WER ORDNUNG HAT, KANN NICHT ANDERS, ALS ERFOLGREICH ZU SEIN

Müßiggang ist der Feind der Seele (48/1)

Nehmen wir an, Sie hätten die Prozesse in Ihrem Unternehmen so weit geordnet, dass die genaue Anzahl von Kundenterminen am Tag festgelegt ist und keiner Ihrer Verkäufer mehr am Freitag nach Hause geht, bevor die Anzahl der Verkaufstermine für jeden Arbeitstag der nächsten Woche in seinem Kalender steht. Ich bin kein Freund davon, eine Terminanzahl pro Arbeitswoche zu vereinbaren, weil ganze Arbeitswochen ohne Seminartage, Sitzungen und sonstige Veranstaltungen eher die Ausnahme als die Regel sind. Gehen wir also von mindestens drei Verkaufsterminen am Tag aus. Wer mehr machen will, kann natürlich auch mehr einplanen, aber drei Termine am Tag sollte unser *Mindestmaß sein, das für alle Verkäufer gilt.*

Ein Verkäufer, der so strukturiert arbeitet, kommt schnell in einen Rhythmus hinein, der ihn geradezu zum Erfolg zwingt. Wenn Verkäufer erst einmal beim Kunden sitzen, sind die meisten gut genug, um aus diesen Gesprächen Geschäfte zu machen. Den genauen Inhalt der Verkaufsgespräche sehen wir uns an späterer Stelle an.

Es geht vorerst einmal darum, regelmäßig möglichst viele Face-to-Face-Situationen zwischen Kunden und Verkäufern zu schaffen.

Bei Benedikt sind die Gebetszeiten genau festgelegt: *Sieben mal am Tag singe ich Dein Lob (16/1)*. Kein Mönch käme auf die Idee, an dieser Ordnung zu rütteln oder Ausreden zu finden, warum diese Anforderung nicht erfüllbar wäre. Im direkten Gespräch mit Verkäufern mache ich die Erfahrung, dass man ihnen den Sinn einer Ordnung im Vertrieb sehr wohl verkaufen kann. Ein geplanter Tagesablauf macht schnell erfolgreicher, sicherer, und bringt somit auch gleich mehr Freude am Beruf mit sich. Ich kenne keinen Verkäufer, der sich von diesen Ideen nicht begeistern lässt. Die Entscheidung, sich auf einen solchen Entwicklungsprozess einzulassen, ist eine wichtige Voraussetzung, aber eben noch nicht das Ergebnis. Es braucht einen geplanten Entwicklungsprozess, der von der Führungskraft eng begleitet wird, bis sich schließlich ein Automatismus einstellt. Kaum jemand fühlt sich wohl, wenn er nicht ausgelastet ist. Müßiggang hat auf lange Sicht noch niemanden zufriedengestellt.

3.2.3 Das „Was" und das „Wie"

Eng ist der Weg, der zum Leben führt (5/11)

Ein Führungsgespräch ist ein Verkaufsgespräch. Man kann einem Verkäufer mit guten Fragen relativ schnell verkaufen, *„was"* er zu tun hat. Nehmen wir ein Beispiel eines Mitarbeiters aus der Finanzdienstleistungsbranche, der die staatlich geförderte Riester-Rente bei seinen Kunden zu wenig anspricht. Ein Auszug aus einem erfolgreichen Führungsgespräch zu diesem Thema könnte folgendermaßen aussehen:

Beispiel:

Führungskraft: „Frau S., was ist Ihrer Ansicht nach der größte Vorteil der Riester-Rente?"

Mitarbeiterin:	„Das ist die staatliche Förderung."
Führungskraft:	„Wer ist verantwortlich dafür, dass Ihre Kunden die staatliche Förderung erhalten können?"
Mitarbeiterin:	„Natürlich ich."
Führungskraft:	„Wie viele Kunden haben Sie dann in Ihrem Bestand?"
Mitarbeiterin:	„Das sind über 500."
Führungskraft:	„Was glauben Sie denn, wie viel Prozent Ihrer Kunden im kommenden Jahr eine Riester-Rente kaufen werden?"
Mitarbeiterin:	„Das weiß ich nicht genau, aber 20 Prozent werden es schon sein."
Führungskraft:	„20 Prozent. Das wären dann 100 Kunden. Was muss passieren, damit diese 100 Kunden das Produkt bei Ihnen kaufen?"
Mitarbeiterin:	„Ich müsste die Kunden darauf ansprechen!"

An dieser Stelle wird im Führungsgespräch meist über Verkaufszahlen gesprochen: Der Mitarbeiter soll nun sagen, wie viele Riester-Renten er in den nächsten Wochen verkaufen wird. *Er kann es natürlich nicht sagen.* Daraufhin schlägt die Führungskraft oft eine Zahl vor, und eine wackelige Vereinbarung entsteht. Der Mitarbeiter hat zwar das *„Was"* verstanden. Er weiß, dass es wichtig ist, bei seinen Kunden das Thema Rente anzusprechen, er weiß aber immer noch nicht, *wie* er es tun soll, deshalb vermeidet er das Thema in den folgenden Kundengesprächen.

Ohne das *„Wie"* geht es nicht. Der Mitarbeiter sitzt beim Kunden und hat eben einen Bausparvertrag abgeschlossen. Er denkt daran, dass er jetzt auf das Thema Riester-Rente überleiten sollte. Der Stress wirkt sich negativ auf sein Denken aus, die entsprechende Frage fällt ihm nicht ein, und er spricht das Thema nicht an. Wenn die Führungskraft dann fragt, warum er das Thema Rente nicht erwähnt hat, dann war „keine Zeit mehr" oder „der Kunde war schon versorgt" oder „der Kunde war schon zu alt".

An dieser Stelle wird deutlich, dass der Verkaufsberuf ein technischer Beruf ist. Wir reden auch immer wieder über „Verkaufstechnik". Es geht darum, die richtigen Fragen für die Kundengespräche zu automatisieren, damit sie im Kundengespräch verfügbar sind.

Beispiel:

Verkäufer: „Herr Kunde, jetzt haben wir Ihr neues Auto gut versichert. Ich habe noch eine Frage an Sie: Wo haben Sie denn Ihre Rentenvorsorge abgeschlossen?"

Wenn die Frage wirken soll, dann muss nach dieser Frage eine Pause eingebaut werden. Es dauert ein paar Sekunden, bis die Frage beim Kunden ankommt, von ihm bewertet wird und schließlich Gefühle in seinem Bauch bis hin zu einem Handlungsimpuls auslöst. Würde er die Pause nach der Frage nicht abwarten, hätte die beste Frage die Wirkung verloren.

Bei Benedikt heißt es dazu: *Ich stellte eine Wache vor meinen Mund, ich verstummte ... (6/1).*

In den vielen Verkaufs- und Führungsseminaren der letzten Jahre erlebte ich immer wieder, dass die Gespräche willkürlich ablaufen. Feste Texte werden kaum eingesetzt. Der Verkäufer versteckt sich gerne hinter seiner Kreativität, obwohl Kreativität in diesem Zusammenhang oft bedeutet, dass das Vorgehen völlig ungeplant ist.

Für eine große Versicherung durfte ich ein paar Top-Verkäufer je einen Tag lang begleiten. Man wollte wissen, worin der Verkaufserfolg begründet liegt, um die Arbeitsweise der Top-Leute auf alle Verkäufer übertragen zu können. Das Ergebnis war ernüchternd. Die Top-Leute machten ihr Geschäft vor allem über den Fleiß. Sie haben so viele Kundentermine am Tag, dass sie gar nicht anders können, als viele Geschäfte abzuschließen. Die angewandte Technik in den einzelnen Gesprächen war aber meist alles andere als vorbildlich. Der Redeanteil des Verkäufers war viel zu hoch, Cross-Selling wurde kaum betrieben, und die Frage nach Empfehlungen wurde gar nicht gestellt. Ich bin der Meinung, dass man die Top-Verkäufer einfach arbeiten lassen sollte, denn diese bringen auf ihre Art und Weise genug Geschäft. Die Führungskraft sollte sich – zumindest im ersten Schritt – auf die Entwicklung jener 60 bis 70 Prozent der Verkäufer eines Unternehmens konzentrieren, die sich durch eine geordnete Arbeitsweise sofort deutlich steigern könnten. Grundsätzliche Unternehmensregeln müssen aber für alle, auch für die Top-Verkäufer, gelten.

Eine geordnete Vorgehensweise würde den Verkaufsberuf entmystifizieren. *Verkauf ist erlernbar!* Das ist doch eine gute Nachricht. Die Grundfähigkeit, mit Menschen in Beziehung zu treten, muss zwar vorhanden sein, der Gesprächsablauf und das Fachwissen sind aber erlernbar.

Ähnlich verhält es sich mit den Führungsprozessen. In den Entwicklungsgesprächen mit den Mitarbeitern kommen immer wieder dieselben Themen auf. Der Mitarbeiter hat zu wenige Termine, er spricht bestimmte Sparten nicht an, er ist abschlussschwach usw. Ich hatte in den letzten Jahren die Gelegenheit, diese Führungsgespräche in den vielen Führungsseminaren mit der Hilfe der Teilnehmer zu standardisieren (siehe mein Buch „Das-15-Minuten-Zielgespräch"). Im Austausch mit den Teilnehmern sind die *richtigen* Fragen für die immer gleichen Gesprächssituationen entstanden und die *richtigen* Texte, die es ermöglicht haben, die Führungsgespräche zu einem Entwicklungsthema in 15 Minuten durchzuführen. Ich habe die Vorschläge der Teilnehmer und die Erfahrungen in den Gesprächsübungen eines Seminars mitgenommen, ausformuliert und in so gereifter Form der nächsten Seminargruppe wieder zurückgegeben. Es kamen wieder neue Vorschläge der Seminargruppe für die richtigen Fragen und weitere Themen für die Übungsgespräche hinzu, sodass nach und nach ein fertiges Textbuch entstanden ist. Dieses Textbuch zeichnet sich durch Praxisnähe aus und kann unmittelbar im Führungsalltag der Teilnehmer eingesetzt werden.

Wenn wir die Übungsgespräche auf Video aufzeichnen, lege ich Wert darauf, dass die bewährten Texte verwendet werden. Die Teilnehmer sind immer wieder überrascht, wie elegant sie auf diese Art und Weise ihr Gesprächsziel erreichen. Jene Teilnehmer, die in den Gesprächsübungen den Part der Mitarbeiter übernommen hatten, berichteten, dass sie sich im Gespräch nicht unwohl gefühlt haben.

Ein Führungsgespräch mit einem Mitarbeiter, der zu wenige Verkaufstermine macht, sollte in Berlin deckungsgleich ablaufen wie in Wien. Die Teilnehmer bestätigen mir immer wieder, dass sich die im Seminar eingeübten Gesprächsmuster mit großem Erfolg in der Praxis anwenden lassen. In Verkaufs- und Führungsgesprächen ist in den entscheidenden Phasen wenig Platz für Abweichungen. *Eng ist der Weg, der zum Leben führt,* aber eben erfolgreich. So wie für Benedikt *das Gute nicht durch eigenes Können kommt, sondern durch den Herrn kommt (Prolog/29),* würden die Führungskräfte und Verkäufer ihre Wirkung deutlich verstärken können, wenn sie sich der fertigen Texte bedienten.

Sobald das „Was" und das „Wie" feststehen, ist der Verkäufer in der Lage, beim Kunden *Standardsituationen* durchzuführen – umfassende, geordnete Verkaufsgespräche, die ihm immer besser gelingen werden. Ebenso verhält es sich mit den Führungsgesprächen, die – einmal eingeübt – immer besser ablaufen werden. Eine solche Verhaltensweise setzt bei vielen Führungskräften und Verkäufern einen Umdenkungsprozess voraus, um sie für das Erlernen und Üben dieser Techniken zu öffnen. Benedikt weiß, dass dieser Prozess der Öffnung nicht nur ein scheinbarer Prozess sein kann: *„Was zählst Du meine Gebote auf, und nimmst meinen Bund in den Mund? Dabei ist Zucht Dir verhasst, meine Worte wirfst du hinter dich." (2/14)* Ein echtes „Einlassen" und „Ausprobieren" ist gefragt, damit die Wirkung eintreten kann.

3.2.4 Das rechte Mass finden

So halte der Abt in allem Maß, damit die Starken finden, wonach sie verlangen, und die Schwachen nicht davonlaufen. (64/19)

Wie viel Zeit benötigt ein Mitarbeiter für einen Verkaufstermin, wenn er alles rechnet: Vorbereitung, Durchführung, Nacharbeitung? Wie viele Termine sind dann einem engagierten Mitarbeiter zuzutrauen? Nehmen wir an, Sie haben festgestellt, dass ein Mitarbeiter zwischen zwei bis drei Terminen am Tag schaffen sollte. Nehmen wir zudem an, dass drei ordentliche Verkaufstermine mit Kundendatenbogen, Cross-Selling und der Frage nach der Empfehlung eine echte Herausforderung darstellen. Wenn dies der Fall ist, so legen Sie eine Mindestanzahl von zwei Verkaufsterminen pro Arbeitstag fest. Das sind dann aber eben Mindestanforderungen, die von allen Verkäufern an jedem Arbeitstag erreicht werden müssen und auch noch genug Luft nach oben für individuelle Entwicklungen lassen. Für Benedikt ist das rechte Maß eine zentrale Forderung an die Führungskraft für den Umgang mit den Mitarbeitern: *Wenn ich meine Herde unterwegs überanstrenge, werden alle zugrunde gehen (64/18).* Es gilt also, das richtige Tempo zu finden: Es sollen einerseits alle mitkommen, also muss entsprechend langsam gegangen werden, und andererseits muss so schnell gegangen werden, damit sich jeder herausgefordert fühlt.

Wenn jemand aus persönlichen Gründen eine begrenzte Zeit lang diese Anforderung nicht erfüllen kann, muss *der Abt auf seine Schwächen Rücksicht nehmen (48/25).* Wer krank ist, fällt eben einmal eine Zeit lang aus. Und auch von jemandem, der einen persönlichen Schicksalsschlag erfahren hat, kann man nicht erwarten, dass seine berufliche Tätigkeit reibungslos läuft. Die Führungskräfte sind an dieser Stelle sehr gefordert, eine Stütze in der Krise zu sein, aber auch eine Hilfe auf dem Weg zurück zum beruflichen Erfolg.

Für viele Führungskräfte stellt es ein Problem dar, das richtige Maß im Umgang mit der Zeit zu finden. Dies gilt sowohl im Hinblick auf ihre eigene Arbeitszeit als auch im Hinblick auf die Zeit, die sie ihren Mitarbeitern zumuten. Besonders schlimm wird es oft, wenn sich die Mitarbeiter in endlosen Sitzungen herumquälen müssen, ohne zu spüren, dass sie sich dabei entwickeln. Wenn ein Verkäufer nach einem Meeting nicht mehr kann als vorher, hat man ihm Zeit gestohlen. Aber auch Führungskräfte verbringen viel zu viel Zeit in irgendwelchen Meetings, anstatt bei ihren Verkäufern zu sein. Derjenige, der zu den Meetings einlädt, ist also in der Pflicht. Er hat genau zu prüfen, was nötig ist: *Nehmt euch in Acht, dass nicht Unmäßigkeit euer Herz belaste (39/9).*

3.2.5 DIE FÜHRUNGSKRAFT ALS DREHSCHEIBE ERFOLGREICHER VERKAUFSPROZESSE

Die Schuld trifft den Hirten, wenn der Hausvater an seinen Schafen (seiner Herde) zu wenig Ertrag feststellen kann (2/7).

Wir haben gleich zu Beginn einen sehr hohen Anspruch an die Führungsfunktion formuliert. Gerade das Führen von Verkäufern, die zum Teil den Status der Selbstständigkeit haben, stelle eine immens hohe Herausforderung dar. Gut sind die Mitarbeiter (hoffentlich) von sich aus. Eine Führungskraft muss sich daran messen lassen, wie gut sich ihr Verkaufsteam entwickelt. Oft wird gemeinsam ein Schritt nach vorne geschafft, doch wenn sich dann die Führungskraft etwas zurückzieht, sind sofort wieder Rückschritte erkennbar. Eine Führungskraft hat somit auch eine gewisse Ähnlichkeit mit einem Zirkusjongleur, der Teller auf mehreren biegsamen Stäben dreht und sich bemüht, den Stäben immer wieder von Neuem Fahrt zu geben, damit sie nicht herunterfallen.

- **Vorzeigen, was ich mir von anderen erwarte**

Eine Führungskraft ist laut Benedikt vor allem einmal jemand, der das vorzeigt, was er sich von anderen erwartet, *er mache alles Gute mehr durch sein Leben als durch sein Reden sichtbar (2/12), in seinem Handeln zeige er, was er seinen Jüngern lehrt (2/13).* Das heißt für die Führungskraft, dass sie sich selbst so strukturiert, dass jeder in ihrem Handeln eine geplante Ordnung erkennen kann. Vorzeigen heißt aber auch, dass sie die Führungsgespräche mit den *richtigen* Fragen und Pausen führt, genau so, wie es die Führungskraft von ihren Verkäufern erwartet. Die Führungskraft muss auch selbst die richtigen Fragen für die Verkaufsgespräche und die Struktur der standardisierten Verkaufsgespräche beherrschen, damit sie diese mit den Verkäufern trainieren und ihnen vorzeigen kann.

■ Die Demut als die richtige Grundhaltung

Die Grundhaltung, die von Führungskräften erwartet wird, ist die Demut, *wer sich selbst erhöht, wird erniedrigt werden (7/1).* Gute Führung zeichnet sich nicht dadurch aus, alles besser zu wissen und vor den Mitarbeitern durch lange Vorträge zu glänzen. Im Grunde genommen können Führungskräfte davon ausgehen, dass die richtigen Abläufe im Innersten des Mitarbeiters schon angelegt sind. Die eigentliche Aufgabe besteht nun darin, dem Mitarbeiter dieses verborgene Wissen durch die richtigen Fragen zugänglich zu machen, ihm quasi einen Spiegel vorzuhalten und ihm zu helfen, seine notwendigen Entwicklungsschritte selbst zu erkennen. Somit sind *Führungskräfte Dienstleister,* die dem Geführten auf lange Sicht am meisten helfen, wenn sie ihm Hilfe zur Selbsthilfe anbieten.

Ich habe in meinen Seminaren schon lange nicht mehr den Anspruch, als Trainer selbst alles am besten wissen zu müssen. Wenn zwölf Teilnehmer in meinem Seminarraum sitzen, kommen insgesamt schnell einmal 200 Jahre Führungserfahrung zusammen. Meine Aufgabe kann es also nur sein, den Teilnehmern ihr eigenes Wissen verfügbar zu machen und ihnen zu helfen, dieses Wissen für die Lösung aktueller Problemfelder zu adaptieren. Als Trainer lerne ich in solchen Seminaren am meisten. Je demütiger ich an meine Führungsaufgabe herangehe, desto mehr Entwicklungsschritte kann ich gemeinsam mit einer Seminargruppe gehen.

■ **Grundelemente der Führung**

Benedikt sieht die Grundelemente der Führung in der Ordnung und der Liebe, auf deren Basis immer wieder situativ zu führen ist. *Er lasse sich von dem Gespür für den rechten Augenblick leiten und verbinde Strenge mit gutem Zureden. Er zeige den entschlossenen Ernst des Meisters und die liebevolle Güte des Vaters (2/24).*

Der Führungsprozess ist gekennzeichnet davon, dass jemand den Mut fasst, sich auf eine Entwicklungssituation einzulassen, und einem Mitarbeiter – wenn notwendig – Fragen stellt, die weh tun. *Er darf auf keinen Fall darüber hinwegsehen, wenn sich jemand verfehlt (2/26).* Wenn wir mit einem Mitarbeiter eine Handlung vereinbaren, ohne deren Umsetzung einzufordern, dann ist es ehrlicher und kraftsparender, beim nächsten Mal gar nichts mehr zu vereinbaren.

■ **Unternehmensziele mittragen**

Die Führungskraft ist angehalten, Unternehmensziele mitzutragen. *Der Mönch übt diesen Gehorsam auch dann, wenn es hart und widrig zugeht (7/35).* Wenn in Führungskräftetagungen Entwicklungsschritte diskutiert werden, dann kann die Führungskraft durch ihren Diskussionsbeitrag versuchen, die Richtung mitzugestalten. Sobald aber eine Entscheidung getroffen ist, dann muss diese mitgetragen und auch vor den eigenen Mitarbeitern verteidigt werden.

■ **Trennung von Mitarbeitern**

Wenn ein Mitarbeiter gar nicht bereit ist, mitzuziehen, obwohl die Führungskraft sich intensiv um ihn bemüht hat, dann steht eben eine Trennung an, um nicht das ganze Team zu verunsichern. *Man sage ihm höflich, er solle gehen, damit nicht durch seinen beklagenswerten Zustand auch noch andere verdorben werden (61/7), schafft den Übeltäter weg aus eurer Mitte (28/6), wenn der Ungläubige gehen will, soll er gehen (28/7).* Eine solche Entscheidung setzt voraus, dass zunächst eine Ordnung vorhanden ist. Erst wenn die Ordnung und die davon abgeleiteten Vertriebsprozesse genau definiert sind, kann die Umsetzung und damit die Leistung des Mitarbeiters gemessen und bewertet werden.

■ **Aufnahme neuer Mitarbeiter**

Gerade im Vertrieb wurden in den letzten Jahren zu leichtfertig neue Mitarbeiter eingestellt. Wenn die Planzahl noch nicht erreicht worden ist, dann musste eben noch schnell vor dem Jahresende jemand gefunden werden. Sehr oft wurden hierbei gefährliche Kompromisse gemacht. Man wusste schon von Anfang an, dass der Mitarbeiter wahrscheinlich nicht in das System passen würde, und hat ihn dann doch eingestellt. Vielleicht hat man sogar mit der „Unordnung" geworben, nach dem Motto: „Bei uns läuft das nicht so streng ...". Dann braucht man sich aber auch nicht zu wundern, wenn sich der Mitarbeiter gegen die Ordnung seiner Verkaufsprozesse wehrt.

Ein Mitarbeiter, von dem man nur glaubt oder hofft, dass er Entwicklungspotenzial besitzt, braucht in der Einarbeitungszeit aber mindestens genauso viel Energie wie ein Mitarbeiter, der sich sicher entwickeln wird. *Kommt einer neu und will das klösterliche Leben beginnen, werde ihm der Eintritt nicht leicht gewährt ... (58/1)*

■ **Führen heißt, sich auf Konflikte einzulassen**

Führungskräfte definieren sich oft als „Begleiter", „Förderer", „Coach", aber eben nicht als Führungskraft. Führungskraft ist jemand, der anderen Fragen stellen kann, die schmerzen, und in der Lage ist, danach eine Pause einzulegen und zunächst einmal abzuwarten.

Gerade in Bezug auf selbstständige Vermittler wird oft das Argument vorgebracht, dass sich solche Verkäufer nicht führen lassen. Doch guten Fragen kann meiner Erfahrung nach niemand ausweichen. Es kommt aber darauf an, diese Fragen erst einmal zu stellen.

Beispiel:

Führungskraft: *„Herr X, wie sollte ich Ihrer Ansicht nach damit umgehen, wenn zwischen uns getroffene Vereinbarungen nicht umgesetzt werden?"*

Die Erfahrung zeigt, dass selbstständige Vermittler zwar schnell einmal drohen, das Unternehmen zu verlassen, diesen Schritt dann aber in der Praxis selten umsetzen. Sie wissen, dass bei anderen Unternehmen auch nicht alles nur rosig ist. Außerdem können sie ihren Kunden nicht jedes Jahr mitteilen, dass sie jetzt zu einem anderen Unternehmen gewechselt haben. Kein Mensch wird sich langfristig gegen einen Entwicklungsprozess wehren, der ihm und seinen Kunden Vorteile bringt. Die Frage ist, ob die Führungskraft bereit ist, sich auf solche – oft konfliktträchtige – Prozesse einzulassen.

Wenn wir uns an Situationen erinnern, in denen wir geführt worden sind, dann bleiben uns Führungskräfte in Erinnerung, die uns gefordert und gefördert haben, und nicht jene, denen unsere Entwicklung egal war. Führen ist ein schwieriger Prozess. Wenn Sie Führungskraft sein wollen, dann sind Sie für die Entwicklung Ihrer Mitarbeiter verantwortlich. *Er hat die Aufgabe übernommen, Menschen zu führen, für die er einmal Rechenschaft ablegen muss (2/34).*

Wenn Sie als selbstständiger Vermittler diese Zeilen lesen, dann bitte ich Sie, einmal aufzulisten, welche Vorteile Sie und Ihre Kunden aus der Kooperation mit Ihrem Unternehmen haben. Wenn Sie mit der Fahne dieses Unternehmens loslaufen wollen, dann müssen Sie auch bereit sein, Regeln einzuhalten. *Man unterlasse das Murren (40/9).*

3.2.6 Unternehmensregeln festschreiben und dafür sorgen, dass diese auch umgesetzt werden

In diesen Tagen der Fastenzeit erhält jeder einen Band der Bibel, den er von Anfang bis Ende ganz lesen soll (48/15).

In vielen Unternehmen gibt es so etwas wie Leitbilder, die in Grundsätzen auf Papieren stehen und mehr oder weniger umgesetzt werden. Oft bestehen solche Leitlinien aus Kernsätzen, die für den Umgang miteinander einen Rahmen bilden sollen. Die handfesten Erklärungen zu echten Abläufen und Prozessen finden sich darin aber nur selten.

Alles, was Benedikt für das Funktionieren seiner Gemeinschaft benötigt, steht in der Bibel und der davon abgeleiteten Regel. Die Mönche sind angehalten, sich mit diesen Texten regelmäßig zu beschäftigen. Die Regel wird dreimal im Jahr ganz gelesen, die Bibel ist der ständige Begleiter der Mönche und wird in der Fastenzeit einmal komplett durchgearbeitet.

Bezogen auf den Vertrieb bedeutet dies Folgendes: Wenn in einen Vertriebsprozess Ordnung hineingebracht werden soll, dann ist der gesamte Ablauf zu bedenken, festzuschreiben und an die Mitarbeiter zu verteilen. In allen Zusammenkünften der Vertriebsmannschaft müssen die Ordnung und die Erfahrung mit der Umsetzung der Ordnung immer wieder zum Thema gemacht werden. Wir werden uns in diesem Buch noch ausführlich damit beschäftigen und eine beispielhafte Ordnung für ein vertriebsorientiertes Unternehmen aufzeigen.

4. Kapitel
DIE KRAFT DER ORDNUNG IM VERTRIEB

▪ Herr P. ist Pilot. Er fliegt seinen Jet mit höchster Präzision von A nach B. Seine Arbeitsschritte sind ganz genau vorgeschrieben, Checklisten regeln sein Tun bins ins kleinste Detail. Er ist austauschbar. Ein anderer würde an seiner Stelle unter denselben Bedingungen ganz gleich handeln. Die Wahrscheinlichkeit, dass er sein Ziel erreicht, ist sehr groß.

▪ Frau Dr. G. ist Chirurgin. Sie arbeitet seit Jahren in einer Klinik, die sich auf den Ersatz von Gelenken spezialisiert hat. Das Operationsteam ist aufeinander eingespielt, der Ablauf der einzelnen Operationen läuft präzise wie ein Uhrwerk. Die Operationstermine der nächsten beiden Wochen sind fest geplant. Die Wahrscheinlichkeit, dass ein Patient das neue Gelenk beschwerdefrei verwenden kann, ist sehr groß.

▪ Herr F. ist Elektriker. Er ist an diesem Tag in einem Privathaus beschäftigt. Er schließt die bereits verlegten Kabel an den Schutzkasten im Keller an und hält sich dabei genau an einen Schaltplan, der für einen Laien sehr kompliziert aussieht. Die Wahrscheinlichkeit, dass das Licht im Haus angehen wird, wenn er einen Testlauf startet, ist sehr groß.

▪ Frau K. ist Verkäuferin im Außendienst. Sie plant jede Woche zwischen sechs und zwölf Verkaufstermine beim Kunden, je nach dem, wie es sich ergibt. In manchen Verkaufsgesprächen betreibt sie Cross-Selling, manchmal fragt sie ihre Kunden nach Empfehlungen. Die Wahrscheinlichkeit, dass sie ihre Ziele erreichen wird, ist gering.

- *Herr P. ist Führungskraft im Vertrieb. Er führt eine Verkäufermannschaft von zwölf Personen. Seine Verkäufer führen im Schnitt zwischen sechs und zwölf Verkaufsgespräche in der Woche durch. Er weiß nicht genau, mit welchen Worten seine Vermittler eine bestimmte Sparte ansprechen, er kann auch nicht genau sagen, mit welchen Worten in seinem Verkaufsteam nach Empfehlungen gefragt wird. Die Wahrscheinlichkeit, dass seine Mannschaft ihr Ziel erreicht, ist gering.*

Die angeführten Beispiele zeigen, wie genau der Ablauf in manchen Berufen definiert ist, um zum Erfolg zu kommen. Im Verkauf sind in der Regel die Ziele definiert, aber die konkreten Handlungsanleitungen fehlen meist völlig. Ein Verkäufer, der seine Fragen für das Ansprechen weiterer Produkte beim Kunden nicht automatisiert hat, wird diese Fragen natürlich auch nicht stellen. Eine Führungskraft im Vertrieb, die nicht weiß, mit welchen Worten ihre Mitarbeiter beim Kunden nach Empfehlungen fragen, wird den Mitarbeitern in ihrer Entwicklung nicht helfen können.

Der Verkaufsberuf wird immer noch eher mystifiziert, als in praktische Handlungsanweisungen zerlegt. Verkaufen kann man offensichtlich einfach – oder eben nicht. Jedenfalls glauben viele, dass man zum Verkäufer geboren sein müsse. Top-Verkäufer stehen immer wieder auf den Bühnen, ohne dass sie sich ständig in Verkaufsseminaren befinden.

Die Wahrheit ist aber, dass diese Top-Verkäufer ihr Geschäft vor allem aufgrund der hohen Terminanzahl schreiben und nicht dank der systematischen Abfolge ihrer Kundengespräche. Der Erfolg dieser Top-Verkäufer resultiert aus Fleiß und nicht aus Technik, und er ist auf einen durchschnittlichen Mitarbeiter nicht zu übertragen, weil eben Standards, die beschreibbar und übertragbar wären, fast nicht vorkommen.

Es wird Zeit, den Verkaufsberuf zu entmystifizieren und auf das zu reduzieren, was er letztendlich ist: ein erlernbarer, überwiegend (verkaufs-)technischer Beruf. Die Befähigung, mit Menschen umgehen zu können, bleibt dabei als Voraussetzung unbestritten.

4.1 Das Projekt Profischmiede

Dort, wo Ordnung im Vertrieb eingeführt und gelebt wird, steigert sich die Effizienz einer Vertriebseinheit fast dramatisch. Ich durfte selbst ein solches Projekt leiten, als ich im Jahr 1995 Assistent eines Vorstands einer großen österreichischen Versicherung war. Der Vorstand war der Auffassung, dass vieles in seiner Vertriebsmannschaft eher zufällig als geplant ablief, und beauftragte mich, ein Pilotprojekt auf die Beine zu stellen, das sich mit Effizienz im Vertrieb beschäftigen sollte. Ich bekam ein Budget dafür und den Auftrag, ein Konzept zu erstellen und – vorerst – in drei kleinen Vertriebszellen aus drei unterschiedlichen Bundesländern zu erproben. Schnell waren drei regionale Vertriebschefs in die Sache eingebunden, die aus ihrer Verkäufermannschaft circa zehn Personen auswählten, die sich freiwillig einem besonderen Förderprogramm unterziehen wollten.

Zwei Seminarbausteine waren geplant. Der eine sollte sich mit *„Planung einer Vertriebswoche"* beschäftigen, der andere mit dem *„professionellen Verkaufsgespräch"*. Ich hatte im Vorfeld schon zwei externe Trainer ausgewählt, die mich durch ihre praxisnahen Konzepte für die Abwicklung der beiden Bausteine überzeugen konnten. Ein paar Tage später saß eine kleine Gruppe in einem Hotel in Oberösterreich und legte den Ablauf des Pilotprojekts fest. Der Vorstand, die beiden externen Trainer, die drei regionalen Verkaufsdirektoren und ich, als Steuermann des Projekts, waren in dieser Gruppe. Wir suchten einen Namen für das Projekt und einigten uns bald auf den Namen „Profischmiede". Diesen Namen verwendete ich später in den ersten Jahren meiner Selbstständigkeit für meine Firma.

Es war Mitte Mai des Jahres 1995. Wir legten fest, dass die beteiligten Verkäufer in der letzten Maiwoche und in der ersten Juniwoche die beiden Seminare besuchen würden, ein paar Wochen später war dann ein Follow-up-Tag je Gruppe geplant. Jeder einzelne Verkäufer erhielt also insgesamt sechs Seminartage, je zwei in den

Grundseminaren *Arbeitsorganisation* und *Verkauf,* und dann noch jeweils einen Folgetag. Der Vorstand wollte die Ergebnisse in den Monaten April und Mai mit jenen der Projektmonate Juni und Juli vergleichen und erhoffte sich eine Steigerung. Meinen Einwand, dass wir mit der Projektzeit direkt in das Sommerloch fallen würden, ließ er nicht gelten. Ich war im Großen und Ganzen für das Projekt freigestellt, besuchte die Seminare und half den regionalen Führungskräften beim Coaching der ausgewählten Verkäufer vor Ort.

Damals war mir noch nicht bewusst, dass wir gerade dabei waren, eine *Ordnung* zu schaffen. Die Strukturen, die wir festlegten, wurden auch nie als Ordnung bezeichnet. Bald war klar, dass wir von jedem Teilnehmer drei Termine je Arbeitstag erwarteten. Im Seminar „Planung" wurde die Arbeitswoche der einzelnen Teilnehmer so strukturiert, dass drei Termine je Arbeitstag stattfinden konnten. Die telefonische Terminvereinbarung wurde trainiert und gleich im Seminar mit echten Kunden durchgeführt. Die Teilnehmer waren ja aus freiem Willen im Projekt und wunderten sich nicht, dass wir sie am Freitag erst nach Hause gehen ließen, als die Termine für die nächste Woche im Kalender standen. Im Seminar „Verkauf" wurden die richtigen Fragen für die Verkaufsgespräche entwickelt und gefestigt. Die regionale Führungskraft führte diesen Prozess vor Ort weiter, indem sie mit den Verkäufern die Fragen immer wieder trainierte und die Verkaufsgespräche einstudierte. Der Vorstand leistete seinen Beitrag zum Gelingen des Projekts, indem er regelmäßig vor Ort auftrat und damit die Wichtigkeit des Trainings unterstrich. Außerdem wurden Stempel mit dem Wortlaut „Profischmiede" geprägt. Damit durften die Anträge der Projektteilnehmer gestempelt werden. Die administrativen Stellen des Hauses wurden angewiesen, gestempelte Anträge vorrangig zu behandeln.

Die Monate der Projektbeobachtung gingen rasch vorbei. Alle warteten gespannt auf den 10. August. Der 10. Tag eines Monats war immer der Stichtag, an dem die Ergebnisse des Vormonats veröffentlicht wurden. Ich kann mich noch sehr gut an diesen Tag erinnern. Mein Büro befand sich im Haupthaus meiner Firma am Ring im Wien. Ich konnte vom fünften Stock aus die Ringstraße beobachten. Plötzlich hörte ich schnelle Schritte vom Gang her auf mein Büro zukommen. Gleich darauf stand ein junger Mann aus dem Controlling vor mir, der mir mit einem Lächeln und den Worten „Ihr seid super gewesen!" eine Auswertung der Ergebnisse überreichte.

Projekt Profischmiede

Was	Umsatz April – Mai 95	Umsatz* Juni – Juli 95	Umsatz plus	Steigerung in Prozent
LV	87 052,46	137 393,66	50 341,20	57,83
KV	17 892,63	39 315,71	21 423,08	119,73
UV	9 863,74	12 483,81	2 620,07	26,56
NKS	13 463,44	22 687,66	9 224,22	68,51
KFZ	102 211,65	128 549,01	26 337,36	25,77
Alle	**230 483,93**	**340 429,86**	**109 945,93**	**47,70**

LV: Lebensversicherung KV: Krankenversicherung
UV: Unfallversicherung NKS: Sachversicherung
KFZ: Autoversicherung

* Umsatz im Projektzeitraum „Profischmiede"

Abbildung 1: Umsatzentwicklung im Projekt Profischmiede

Ich beschäftigte mich mit den Zahlen und war sehr stolz und dankbar. Ein Umsatzplus von fast 50 Prozent in den traditionell schwachen Sommermonaten war wirklich bemerkenswert. Ich telefonierte mit den externen Trainern und übermittelte ihnen die gute Nachricht. Einer von beiden sagte zu mir, dass er sich ganz besonders für mich freue, weil ich mich mit diesem Projekt "so weit aus dem Fenster gelehnt" hätte. Es stimmt natürlich, dass das ganze Unternehmen unser kleines Projekt beobachtete, es gab sicher auch

Neider, die insgeheim auf ein Scheitern gewartet hatten. Der Generaldirektor schrieb mir persönlich einen Brief, den ich heute noch aufbewahre. Es gab Artikel in den Hauszeitungen, und ich durfte den Projektverlauf bei mehreren Führungskräftetagungen präsentieren. Später erhielt ich den Auftrag, das Projekt auf eine größere Vertriebseinheit auszudehnen.

Als ich mitten in der Fortführung des Projekts stand, wurde ich aus der Funktion abberufen und bekam die Verkaufsleitung für einen großen Vertriebsbereich mit 300 Verkäufern übertragen. Diese Aufgabe erfüllte ich drei Jahre lang, bevor ich mich dann als Trainer selbstständig machte.

Das Projekt „Profischmiede" wurde von meinem Nachfolger in der Projektleitung einige Zeit lang mit großem Elan weitergeführt. Aus einer kleinen Pilotgruppe war aber inzwischen ein großer Vertriebsbereich als Zielgruppe geworden. Was zuerst überschaubar war, wurde zunehmend undurchsichtig. Der Widerstand gegen ein eng strukturiertes Vorgehen wuchs, und bald öffneten sich für die Verkäufer wieder die Türen der Bequemlichkeit und Zufälligkeit. Einmal aus dem Fokus der Beobachtung und Begleitung genommen, fühlte sich anscheinend niemand mehr verantwortlich, die bewährte Ordnung weiterhin zu garantieren.

Man muss an dieser Stelle erwähnen, dass wir nicht von irgendeinem Unternehmen sprechen, sondern vom Marktführer in Österreich. Es wird deutlich, welche Potenziale auch in guten Unternehmen brachliegen, weil die Zufälligkeit über die Ordnung immer wieder siegt. Auch die Umsätze in der Pilotgruppe gingen wieder zurück. Es wurden eben nicht mehr genau 15 Termine je Arbeitswoche vereinbart, sondern zehn bis 15; Cross-Selling wurde nur noch da eingesetzt, „wo es passt", und die gute Gewohnheit, jeden Kunden nach einer Empfehlung zu fragen, ging auch wieder verloren. In diesem Zusammenhang wird deutlich, wie wichtig die Arbeit der Führungskräfte im Vertrieb ist. Es fällt anscheinend ganz leicht, Menschen den Sinn einer Ordnung zu vermitteln. Wenn man ihnen das technische Handwerkszeug mitliefert, dann wird diese Ordnung eine Zeit lang umgesetzt. Verkäufer spüren sofort eine gewaltige Entwicklung. Sie verdienen viel mehr und haben mehr Freizeit, obwohl sie mehr Verkaufsgespräche abwickeln als vorher. Es gab in der Hauszeitung mehrere Erlebnisberichte von Verkäufern der Pilotgruppe: Die positiven Erfahrungen wurden sehr anschaulich geschildert. Es wurde ersichtlich, wie schön es ist, plötzlich einen Quantensprung in der eigenen Entwicklung zu erleben. Die Ordnung führt zum einen zum Erfolg, an dem niemand vorbei kann, und vermittelt zum anderen auch noch ein Glücksgefühl. Trotzdem muss der Mensch immer wieder daran erinnert werden, dass er seine Verkaufsprozesse ordentlich plant und durchführt. Die Führungskraft spielt hierbei die Hüterin der Ordnung, die nicht müde wird, immer wieder zu erinnern und einzufordern.

Als ich den Job des Verkaufsleiters antrat, nahm ich mir vor, die Erkenntnisse des Projekts auf meine Mannschaft zu übertragen. Die Verkaufsregion, die mir unterstellt war, war ein überwiegend ländliches Gebiet. Die Verkäufer waren aus der Tradition heraus stark in den Sachgeschäften, aber unterdurchschnittlich gut im Personengeschäft, der Lebens- und Unfallvorsorge sowie der Krankenvorsorge. In diesen Sparten konnte ich eine sehr gute Entwicklung einleiten. Meine Landesdirektion verbesserte sich vom siebten auf den zweiten Platz der neun Landesdirektionen in Österreich. Trotzdem kann ich nicht sagen, dass es gelungen wäre, eine Struktur durchgängig zu vermitteln und einzuführen. Den Begriff Ordnung verwendete ich damals in diesem Zusammenhang noch nicht. Gute, altgediente Verkäufer nutzten immer wieder die Hintertür des direkten Zuganges zum Vorstand, um sich gegen die Versuche des jungen Verkaufsleiters, Struktur in die Mannschaft zu bringen, zu wehren. Ich führte Neulingszirkel ein, um wenigstens den jungen Leuten die Chance zu geben, erfolgreich zu werden. Diese Meetings fielen tatsächlich auf fruchtbaren Boden. Die jungen Verkäufer waren dankbar für konkrete Hilfen in Bezug auf die richtige Planung, die richtigen Fragen für die Verkaufsgespräche oder ähnliche Themen. Die Entwicklung dieser Gruppen war wiederum vom Engagement der örtlichen Führungskraft abhängig, und dieses Engagement war sehr unterschiedlich ausgeprägt.

Gestärkt durch die Erfahrungen aus dem Projekt „Profischmiede" wurden vom Vorstand die so genannten „Mindestleistungsnormen" für das gesamte Unternehmen eingeführt. Verkäufer sollten – gestaffelt nach Dienstjahren – in allen angebotenen Sparten Mindestleistungen bringen. Insbesondere der Widerstand der Top-Verkäufer, die in den Sachsparten extrem gut waren, aber bisher kaum Personensparten verkauft hatten, war extrem groß. Sie erhielten auch starke Unterstützung vom Betriebsrat, der in Österreich in Unternehmen traditionsgemäß sehr viel Einfluss hat. Es kam dann so weit, dass gute Verkäufer doch wieder auf Wettbewerbsreisen mitfahren durften, obwohl sie in bestimmten Sparten die Mindestleistungen nicht erfüllt hatten. Damit wurde diese Ordnung nach und nach wieder aufgeweicht.

4.2 Mit Ordnung zu mehr Effizienz im Vertrieb

Vertrieb definiert sich selbst anscheinend als gewachsene Ansammlung von Zufällen, Aktionismus und persönlichen Befindlichkeiten. Die kollektive Abwehr eines großen Systems gegenüber einer Ordnung ist offenbar so groß, dass jemand, der heute in einem bestehenden System eine durchgängige Ordnung einführen will, wohl *„zurück an den Start"* muss. Einem Läufer immer wieder zuzurufen, welchen Weg er einschlagen soll, funktioniert anscheinend nicht. Man muss zurück an den Start und gemeinsam ein Selbstverständnis erzeugen und die Umsetzung durch die richtige Technik ermöglichen, wenn man Vertriebsprozesse durchgängig verändern will.

Seit vielen Jahren bin ich nun schon als Trainer unterwegs. Jedes Seminar hat mich einen Schritt weiter gebracht. Ich hatte immer die feste Überzeugung im Gepäck, dass der richtige Ansatz für gute Verkaufs- und Führungsgespräche eine *ausgereifte Fragetechnik* ist. Ein weiterer wichtiger Baustein ist die bereits vorgestellte *Pause nach der Frage*. Die beste Frage kann ohne eine darauf folgende Pause nicht wirken. Im Laufe der Jahre habe ich die Fragen immer weiterentwickelt. Je mehr Seminare ich machen durfte, desto besser war ich in der Lage, die echten Verkaufs- und Führungssituationen abzuschätzen, denen die Teilnehmer in der Praxis immer wieder begegnen. Mein Anspruch war, die Fragen so präzise zu entwickeln, dass sie in den Gesprächssituationen der Teilnehmer exakt passten. Die Teilnehmer selbst hatten an dieser Entwicklung großen Anteil. Im Laufe der Zeit ist dann das *15-Minuten-Zielgespräch* entstanden, eine straffe Gesprächsstruktur, die mit konkreten Fragen zu greifbaren Ergebnissen führt, wenn nur ein bestimmtes Entwicklungsthema mit dem Verkäufer besprochen werden soll. Den Hauptteil des Gesprächs bilden die richtigen Fragen und Pausen, wenn eine Veränderung bewirkt werden soll. Diese *Systematik* ist natürlich auf *sämtliche Führungsgespräche* anzuwenden, auch wenn diese zum Beispiel in Form eines *Jahresgesprächs* oder einer tiefer gehenden *Erfolgsanalyse* auch einmal viel länger dauern können.

Obwohl meine Seminarteilnehmer mir immer wieder hervorragendes Feedback geben, habe ich manchmal das Gefühl, dass noch etwas fehlt. Die Prozesse in den Unternehmen sind offensichtlich nicht so strukturiert, dass sie die Umsetzung der gemeinsam erarbeiteten Themen tatsächlich fördern und ermöglichen würden. Der Aktionismus überwiegt letztlich doch wieder, die Führungskräfte, die an den Prozessen dranbleiben, sind offensichtlich doch eher die Ausnahme als die Regel. Die internen Schulungsabteilungen ziehen in der Vertiefung der Technik und dem Training von Verkäufern und Führungskräften zum Teil auch nicht so mit, wie es nötig wäre.

Als ich im Dezember 2008 im Kloster saß und der Seminarleiter zu Beginn die paar Worte sagte, die mich so sehr bewegten, wusste ich, dass damit der *Missing Link* gefunden war. „Wir haben hier *folgende Ordnung*", sagte der Abt mit einem Lächeln. „Wir haben *keine feste Ordnung"*, müssten viele Vorstände ehrlicherweise sagen, „wie sollen wir da erfolgreich sein?" Wir nutzen nicht die *Kraft der Ordnung,* sondern wenden *unendlich viel Kraft* auf, jeden Tag neu zu vereinbaren, was denn nun gilt.

Kurz nach meinem Klosteraufenthalt hielt ich ein Seminar in Dresden. Ich hatte es mir zur Gewohnheit gemacht, an ausgewählten Tagen die nächstgelegene Kirche zu besuchen und in der meist am Altar aufgeschlagenen Bibel zu lesen. Häufig erwische ich dabei Bibelstellen, die exakt meiner Situation entsprechen. Ich hatte mich an diesem Tag gedanklich immer wieder mit meinem Projekt „Profischmiede" beschäftigt. Die Bibel in der Dresdener Kirche war an diesem Tag an folgender Stelle aufgeschlagen: *Also zog ich 14 Jahre später wieder hinauf nach Jerusalem ... (Brief des Paulus an die Galater, 2-1/10).* Mit dieser Textstelle wurde mir bewusst, dass das Thema Ordnung nun den Schwerpunkt meiner Seminare bilden würde – exakt 14 Jahre, nachdem ich mit der Profischmiede erstmals erfolgreich eine Ordnung im Vertrieb einführen konnte, noch ohne das Wort dafür zu verwenden.

5. KAPITEL

EIN VORSTAND ORDNET SEINEN VERTRIEB – EIN BEISPIEL AUS DER PRAXIS

Köln, im März 2009. Nach einem gelungenen Seminartag saß ich am Abend in der Hotelhalle und blickte auf den Rhein. Riesige Frachtschiffe zogen im Minutentakt an mir vorüber. Das Treiben auf dem Fluss wirkte auf mich geschäftig und doch irgendwie beruhigend.

Ich hatte ein Treffen mit einer ranghohen Führungskraft im Vertrieb vereinbart. Wir kannten uns von einer früheren Seminarreihe her, die ich in seinem Unternehmen durchgeführt hatte. Pünktlich und gut gelaunt kam Herr B. in die Halle. Nachdem wir einige Zeit lang private Erlebnisse ausgetauscht hatten, kam er zu seinem Anliegen:

Er erzählte mir, dass er in Kürze das Unternehmen verlassen würde, um als Vorstand für den Vertrieb bei einem Mitbewerber anzuheuern. Er hatte auch schon eine konkrete Vorstellung von der Unterstützung, die er dafür von mir erwartete: Ich sollte ihn begleiten, vorerst im Verborgenen, mit Einzelcoachings, in denen wir gemeinsam Abläufe und Strukturen planen und konkrete Schritte für die Umsetzung entwickeln. In weiterer Folge sollte ich dann als Trainer für Verkaufs- und Führungsprozesse in seinem neuen Unternehmen auftreten. Die Aufgabe faszinierte mich, wir besprachen noch ein paar organisatorische Details, dann waren wir im Geschäft.

Das Unternehmen war in der Finanzdienstleistung angesiedelt. Wir wollen es hier „Vertriebsunternehmen für Finanzprodukte AG" (abgekürzt: „VFP AG") nennen. Mögliche Ähnlichkeiten mit bestehenden Unternehmen sind zufällig.

Die einzelnen Schritte, die im Folgenden vorgestellt werden, beschreiben den Weg zur *Ordnung der Vertriebsstrukturen und der Verkaufsprozesse*. Das beschriebene Vorgehen ist natürlich auf alle anderen Branchen übertragbar. Es ist völlig unerheblich, ob Ihr Unternehmen Finanzprodukte, Fernseher, Reisen oder Autos verkauft. Wenn Sie Vertriebsprozesse ordnen, wird sich der Aufwand sehr schnell in einer deutlich messbaren Entwicklung Ihrer Ergebnisse niederschlagen.

5.1 Die Bestandsaufnahme

Die Ausgangssituation war folgende: Die VFP agierte in ganz Deutschland. Das Unternehmen hatte sich auf dem Markt gut etabliert und einen großen Kundenbestand aufgebaut. Das Organigramm zeigt Abbildung 2 (siehe Seite 79).

Die Verkaufsgebiete waren unterschiedlich groß. Es gab auch unbesetzte Verkaufsgebiete, aber im Schnitt ließ sich folgende Verteilung feststellen:

In ganz Deutschland gab es acht Vertriebsdirektionen. Jeder Vertriebsdirektor führte im Schnitt fünf Regionaldirektoren, denen wiederum je fünf Verkaufsleiter unterstellt waren. Die Verkaufsleiter waren ebenfalls im Verkauf tätig und führten darüber hinaus circa fünf Vertriebspartner. In jeder Vertriebsdirektion gab es somit jeweils circa 150 Mitarbeiter, bei acht Vertriebsdirektionen also insgesamt etwa 1 200 Mitarbeiter.

Das Unternehmen beschäftigte sich mit dem Vertrieb von Bausparprodukten und Baufinanzierungen, Altersvorsorgen und fondsgebundenen Sparformen. Es gab eine Kooperation mit einer Bank, die den Kunden der VFP günstige Girokonten anbot, und eine Kooperation mit einem Versicherer zur Absicherung der Sachwerte der Kunden der VFP. Weitere Kooperationen bestanden mit einem Rechtsschutzversicherer und mit einem Spezialisten zur Unfallvorsorge.

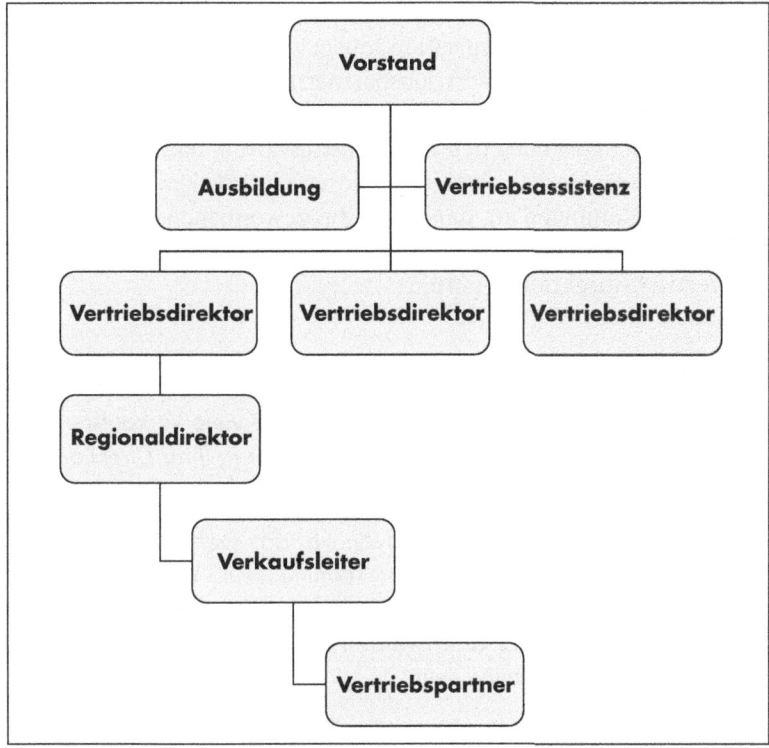

Abbildung 2: Organigramm der VFP AG

Nachdem Herr B. mich mit den Kennzahlen des Unternehmens vertraut gemacht hatte, legten wir fest, dass Herr B. alle acht Direktionen besuchen würde, um sich in ausführlichen Interviews vor Ort ein umfangreiches Bild über die Organisation der Vertriebsprozesse zu machen.

Wir erarbeiteten einen Leitfaden für die Interviews und hielten uns dabei an die Grundsätze des 15-Minuten-Zielgesprächs. Im Rollenspiel übten wir das Stellen der Fragen und die Pausen danach. Herr B. wollte in den Direktionen mit möglichst vielen Mitarbeitern aus unterschiedlichen Arbeitsbereichen Gespräche führen. So wurden später für die Durchführung der Interviews in allen Direktionen drei Tage ausgewählt und feste Termine mit dem Vertriebsdirektor, Vertretern der Innenorganisation, ausgewählten Regionaldirektoren, Verkaufsleitern und Vertriebspartnern vereinbart. Herr B. hatte gute, zum Teil unangenehme Fragen vorbereitet, und er hatte auch gelernt, die Pausen nach den Fragen abzuwarten, damit die Fragen wirken können. Herr B. fertigte in diesen Gesprächen handschriftliche Aufzeichnungen an, damit wir die gewonnenen Erkenntnisse später gemeinsam bearbeiten konnten. Folgende Dialoge wurden in den Vertriebsdirektionen geführt:

Beispiel 1:

Vorstand: *„Herr Vertriebsdirektor, wie viele Verkaufstermine planen die Vertriebspartner in Ihrer Direktion pro Arbeitstag?"*

Vertriebsdirektor: *„Das hängt davon ab, das werden so zwischen zwei oder drei Termine sein. Vielleicht gibt es Tage, an denen auch nur ein Termin stattfindet, dafür aber werden es wohl auch manchmal vier Termine sein."*

Vorstand: *„Nehmen wir an, Ihre Vertriebspartner sind gut organisiert. Wie viele Termine pro Arbeitstag trauen Sie ihnen dann zu?"*

Vertriebsdirektor: *„Na, zwei bis drei Termine sollten zu schaffen sein."*

Vorstand: *„Wie viele denn nun? Zwei oder drei?"*

Vertriebsdirektor: *„Drei Termine pro Arbeitstag sollten möglich sein."*

Vorstand: *„Wer ist verantwortlich dafür, dass in Ihrer Direktion drei Termine pro Arbeitstag stattfinden?"*

Vertriebsdirektor: *„Ich bin dafür verantwortlich."*

Beispiel 2:

Vorstand:	„Herr Regionaldirektor, in wie viel Prozent der Verkaufsgespräche in Ihrer Direktion wird der Kundenanalysebogen (KIB) eingesetzt?"
Regionaldirektor:	„Das kann ich nicht genau sagen."
Vorstand:	„Was schätzen Sie denn?"
Regionaldirektor:	„Wir haben das Thema schon in vielen Führungsrunden angesprochen, der KIB wird aber von den Vermittlern nur teilweise eingesetzt. Ich schätze mal, dass der Bogen in 25 Prozent der Verkaufsgespräche eingesetzt wird."
Vorstand:	„Welche Vorteile bringt der Einsatz des KIB Ihrer Ansicht nach mit sich?"
Regionaldirektor:	„Die Vorteile liegen klar auf der Hand. Der KIB hilft unseren Beratern, die Kundensituation genau zu analysieren."
Vorstand:	„Welche Vorteile ergeben sich daraus?"
Regionaldirektor:	„Der Kunde kann umfassend beraten werden."
Vorstand:	„Welche Vorteile ergeben sich daraus für das Unternehmen?"
Regionaldirektor:	„Die Cross-Selling-Quote könnte deutlich verbessert werden, und das Unternehmen würde mehr Ertrag erwirtschaften!"
Vorstand:	„Und welche Bedeutung hätte eine gute Cross-Selling-Quote für die Kundenbindung?"
Regionaldirektor:	„Die Kunden wären für das Abwerben durch Mitbewerber nicht so anfällig."
Vorstand:	„In wie viel Prozent der Kundengespräche sollte also der KIB eingesetzt werden?"

Regionaldirektor:	„Bei jedem Erstgespräch und in allen Bestandkundengesprächen, bei denen der KIB bisher nicht eingesetzt wurde."
Vorstand:	„Welchen Vorteil hätten Sie, wenn Ihre Vertriebspartner den KIB auch in jedem Bestandkundengespräch einsetzen würden?"
Regionaldirektor:	„Die Vermittler könnten aktuelle Entwicklungen des Kunden rechtzeitig erkennen und begleiten."
Vorstand:	„In wie viel Prozent der Kundengespräche sollte also der KIB eingesetzt werden?"
Regionaldirektor:	„Bei allen Kundengesprächen."
Vorstand:	„Wer ist verantwortlich dafür, dass der KIB in Ihrer Regionaldirektion in allen Kundengesprächen eingesetzt wird?"
Regionaldirektor:	„Ich bin dafür verantwortlich!"

Beispiel 3:

Vorstand:	„Herr Verkaufsleiter, wie wichtig ist für Sie das Cross-Selling?"
Verkaufsleiter 1:	„Sehr wichtig."
Vorstand:	„Kennen Sie Ihre Cross-Selling-Quote?"
Verkaufsleiter 1:	„Nein, die Quote kenne ich nicht genau""
Vorstand:	„In den Statistiken der einzelnen Vermittler über die Cross-Selling-Quote steht bei Ihnen die Zahl 1,4. Das heißt, Ihre 600 Kunden haben im Schnitt 1,4 Produkte bei unserem Unternehmen platziert. Was halten Sie von dieser Quote?"
Verkaufsleiter 1:	„Das kommt mir jetzt sehr wenig vor. Ich dachte, dass meine Cross-Selling-Quote höher wäre."

Vorstand:	„Laut der mir vorliegenden Statistik sind Sie stark im Bausparneschäft. Auch das Finanzierungsgeschäft scheint Ihnen zu liegen. Wo kaufen Ihre Kunden die anderen Produkte?"
Verkaufsleiter 1:	„Ich werde mich wohl mehr um die anderen Sparten kümmern müssen!"
Vorstand:	„Wie wollen Sie denn von Ihren Vertriebspartnern Cross-Selling einfordern, wenn Sie es nicht selbst praktizieren?"
Verkaufsleiter 1:	„Ja, da haben Sie natürlich Recht, das geht nicht."

Beispiel 4:

Vorstand:	„Herr Verkaufsleiter, mit welchen Worten sprechen Sie den Kunden auf Empfehlungen an?"
Verkaufsleiter 2:	„Ich habe da eine sehr bewährte Ansprache. Da ich im Finanzierungsgeschäft sehr gut bin, frage ich meine Kunden immer, ob sie jemanden kennen, der in nächster Zeit etwas finanzieren will."
Vorstand:	„Das haben Sie sehr überzeugend gesagt. Wie viele Vertriebspartner führen Sie?"
Verkaufsleiter 2:	„Momentan sind es vier Vertriebspartner."
Vorstand:	„Mit welchen Worten fragen Ihre Vertriebspartner nach Empfehlungen?"
Verkaufsleiter 2:	„Das weiß ich nicht genau, das hängt wohl von der Gesprächssituation ab."
Vorstand:	„Wie wollen Sie Menschen entwickeln, wenn Sie deren Verhalten im Kundengespräch nicht genau kennen?"

Beispiel 5:

Vorstand:	„Herr Vertriebspartner, wie viele Verkaufstermine planen Sie pro Arbeitstag?"
Vertriebspartner:	„Das sind so zwei bis drei Termine."
Vorstand:	„Wie viele Kunden haben Sie im Bestand?"
Vertriebspartner:	„Das werden so an die 700 sein."
Vorstand:	„Wie oft sollte Ihrer Ansicht nach ein Kunde besucht werden, damit er sich gut betreut fühlt?"
Vertriebspartner:	„Ein Kundenbesuch im Jahr ist sicher anzustreben."
Vorstand:	„Wie viele Termine müssen Sie planen, um alle Kunden einmal im Jahr zu sehen?"
Vertriebspartner:	„Wenn ich von 220 Arbeitstagen im Jahr ausgehe, wären das mindestens drei Termine pro Tag."
Vorstand:	„Was muss passieren, damit Sie ab sofort an jedem Arbeitstag mindestens drei Kundentermine durchführen?"
Vertriebspartner:	„Ich müsste eben so lange telefonieren, bis drei Termine pro Arbeitstag im Kalender stehen."

Nach den Gesprächsrunden in den Direktionen kamen wir wieder zusammen. Der Vorstand berichtete von der positiven Wirkung seiner Fragen. Zunächst war es ihm schwergefallen, die Pausen nach den direkten Fragen abzuwarten. Es entstand oft eine angespannte Situation, und Herr B. spürte die Versuchung, die Situation durch einen „Weichmacher" zu entschärfen. Er blieb aber standhaft, und dadurch erzielten die Fragen beim Gegenüber die beabsichtigte Wirkung: Die gewünschten Antworten wurden provoziert. Viele Gesprächspartner waren anscheinend überrascht über die konsequente Vorgehensweise des Vorstands. Die meisten hatten wohl noch kein Führungsgespräch erlebt, in dem der Redeanteil der Führungskraft so gering war. Dennoch hatte Herr B. nicht das Gefühl, die Gesprächspartner zu sehr provoziert zu haben: „Man kann gute Fragen auch mit einem Lächeln stellen", sagte er, „die Wirkung der Fragen wird dadurch nicht verringert, aber der Gesprächspartner kann besser mit den Fragen umgehen." Hinzu kommt: Alles, was man sagen kann, jede Behauptung, lässt sich auch in Frageform formulieren. Der Gefragte kann nicht ausweichen und muss sich mit dem Inhalt der Frage auseinandersetzen.

Die folgenden Erkenntnisse konnten aus den Interviews gewonnen werden:

- Die Verkaufsprozesse passieren eher zufällig als geplant.
- Es gibt Berührungsängste der Verkaufsleiter bei der Führung von selbstständigen Vertriebspartnern.
- Die Verkaufsleiter zeigen nicht immer eindeutig vor, was sie sich von ihren Vertriebspartnern erwarten.
- Die Verkaufsleiter verstehen sich selbst mehr als Kümmerer, Förderer, fachliche Ratgeber und weniger als Führungskräfte.
- Bei der Auswahl neuer Vertriebspartner werden zu oft Kompromisse eingegangen.
- Es gibt keine klare Vorstellung darüber, wie viele Verkaufstermine pro Tag ein Vertriebspartner durchführen und was genau in diesen Verkaufsgesprächen passieren soll.
- Der Kundenanalysebogen (KIB) wird in den Verkaufsgesprächen kaum eingesetzt.
- Getroffene Vereinbarungen der Verkaufsleiter mit den Vertriebspartnern werden zu selten konsequent eingefordert.
- Controlling-Instrumente werden nur zaghaft eingesetzt.
- Cross-Selling wird angestrebt, aber nicht systematisch betrieben.
- Für die Durchführung von Aktivitäten im Rahmen des Verkaufs- und Führungsprozesses gibt es zu wenig standardisierte Texte.

5.2 Die Auswertung

Als nächster Schritt sollte eine Steuerungsgruppe ins Leben gerufen werden, die sich mit den Erkenntnissen aus den Interviews beschäftigen und daraus weitere Schritte ableiten sollte. Es wurde darauf Wert gelegt, die Gruppe mit Vertretern aller Hierarchieebenen des Vertriebs zusammenzustellen. Dadurch sollten sich in der Gruppe möglichst viele Erfahrungen aus dem Vertrieb bündeln. Zu Beginn des ersten Meetings der Gruppe sollte ich als externer Berater in das Unternehmen offiziell eingeführt werden. Die Steuerungsgruppe bestand somit aus insgesamt 13 Personen: ein Vorstand, ein Assistent des Vorstands, ein Vertreter der Ausbildungsabteilung, zwei Vertriebsdirektoren, zwei Regionaldirektoren, zwei Verkaufsleiter, drei Vertriebspartner und ein externer Berater.

In der ersten Zusammenkunft der Gruppe erläuterten Herr B. und ich die Erkenntnisse aus den Interviews. Die Mitglieder der Projektgruppe waren über die Eindrücke des Vorstands wenig verwundert. Allen Beteiligten war klar, dass in den Verkaufsprozessen zu vieles zufällig passiert, und sie waren der Überzeugung, dass eine Systematisierung und Konkretisierung der Verkaufsprozesse eine deutliche Verbesserung der Umsätze nach sich ziehen würde.

Die Steuerungsgruppe beschloss, die Erkenntnisse des Vorstands in einer standardisierten Erhebung durch Fragebögen zu verdichten. Es wurde ein einfacher Fragebogen entwickelt, der an alle Vertriebspartner geschickt wurde, mit der Bitte, den Bogen auszufüllen und an die zentrale Sammelstelle zurückzusenden. Im Folgenden finden Sie einen Auszug aus dem Fragebogen. Um die Auswertung zu erleichtern, wurden die Einschätzungen der Betroffenen durch das Ankreuzen einer Zahl von 1 bis 7 erhoben. 1 bedeutet dabei völlige Zustimmung zu einer Aussage, 7 bedeutet die völlige Ablehnung der Aussage.

1. Mein Job macht mir größtenteils Spaß.

   ja ① - ② - ③ - ④ - ⑤ - ⑥ - ⑦ nein

2. Ich arbeite gerne für die VFP.

   ja ① - ② - ③ - ④ - ⑤ - ⑥ - ⑦ nein

3. Ich finde, dass die angebotenen Produkte der VFP am Markt sehr gut ankommen.

   ja ① - ② - ③ - ④ - ⑤ - ⑥ - ⑦ nein

4. Die VFP hat bei den Kunden einen sehr guten Namen.

   ja ① - ② - ③ - ④ - ⑤ - ⑥ - ⑦ nein

5. Ich führe jeden Tag mindestens zwei geplante Verkaufsgespräche durch.

   ja ① - ② - ③ - ④ - ⑤ - ⑥ - ⑦ nein

6. Mein Redeanteil in den Verkaufsgesprächen liegt unter 30 Prozent.

   ja ① - ② - ③ - ④ - ⑤ - ⑥ - ⑦ nein

7. Ich führe das Verkaufsgespräch mit Fragen und Pausen.

   ja ① - ② - ③ - ④ - ⑤ - ⑥ - ⑦ nein

8. Ich setze den KIB-Bogen mindestens einmal am Tag ein.

   ja ① - ② - ③ - ④ - ⑤ - ⑥ - ⑦ nein

9. Ich habe für alle Sparten unseres Unternehmens eine Einstiegsfrage parat, mit der ich das Thema beim Kunden elegant ansprechen kann.

   ja ① - ② - ③ - ④ - ⑤ - ⑥ - ⑦ nein

> 10. Ich frage nach jedem Abschluss nach Empfehlungen.
>
>   ja ① - ② - ③ - ④ - ⑤ - ⑥ - ⑦ nein
>
> 11. Ein Kunde, der mehrere Sparten bei unserem Unternehmen hat, wird nicht so leicht von einem Mitbewerber abgeworben.
>
>   ja ① - ② - ③ - ④ - ⑤ - ⑥ - ⑦ nein
>
> 12. Ich habe über die Produkte unseres Unternehmens ein gutes Fachwissen.
>
>   ja ① - ② - ③ - ④ - ⑤ - ⑥ - ⑦ nein
>
> 13. Ich sehe die Controlling-Instrumente (Erfolgsplanbogen, Wochenbericht) als sinnvolle Hilfe zur Planung meines Erfolgs an.
>
>   ja ① - ② - ③ - ④ - ⑤ - ⑥ - ⑦ nein

Abbildung 3: Fragebogen der Steuerungsgruppe

Die Fragebögen wurden in großer Zahl ausgefüllt und eingesendet. Über 80 Prozent der verschickten Bögen landeten in der Auswertung. Die Befragten waren offensichtlich sehr erfreut darüber, dass man sie um ihre Meinung gefragt hatte.

Die Fragebögen wurden teilweise auch als Ventil verwendet, Überfälliges mitzuteilen: Auf zahlreichen Fragebögen fanden sich handschriftliche Ergänzungen, viele Bögen waren vom Ausfüller mit vollem Namen unterschrieben, was eigentlich nicht vorgesehen war. Die Ausbildungsabteilung erfasste die Bögen, führte die zahlenmäßige Auswertung durch und bemühte sich, die handschriftlichen Ergänzungen in die standardisierte Auswertung einfließen zu lassen.

In der nächsten Sitzung der Steuerungsgruppe wurde die Auswertung präsentiert:

1. Mein Job macht mir größtenteils Spaß.

Durchschnittswert: **2,5**

Man kann diesen Wert als durchaus erfreulich betrachten. Der Verkaufsberuf lebt davon, dass der Kunde den Spaß und das Engagement des Verkäufers spürt. Die Produkte sind heutzutage austauschbar, die Person des Verkäufers ist es aber, die den Unterschied ausmacht. Wenn Ihr Kunde die Augen schließt und sich überlegt, wer seine Probleme am besten löst, und dann Ihr Bild vor dem geistigen Auge des Kunden aufscheint, haben Sie gewonnen.

Der Wert 2,5 lässt noch Luft nach oben. Einerseits muss man sagen, dass Verkäufer gerade in der Finanzdienstleistung turbulente Zeiten erleben. Die Wirtschaftskrise ist natürlich auch an der Finanzdienstleistung nicht spurlos vorbei gezogen. Außerdem werden durch administrative Sparprogramme der Unternehmungen immer mehr Tätigkeiten direkt auf den Vermittler übertragen, was den „Spaßfaktor" reduziert. Andererseits kann ein Vermittler, der seine Arbeitstechnik stärker systematisiert, auch schnell erkennen, dass er in kürzerer Zeit noch erfolgreicher sein kann. Mit dem Erfolg erhöht sich dann wiederum der Spaß am Job.

2. Ich arbeite gerne für die VFP.

Durchschnittswert: **2,5**

Auch dieser Wert ist erfreulich. Wenn man bedenkt, dass die Befragung anonym durchgeführt wurde, und sich niemand für seine Angaben rechtfertigen musste, kann man damit durchaus zufrieden sein.

Es gab eine Anzahl von Vermittlern, die sich wohl gerade in einer Konfliktsituation mit dem Unternehmen oder den zuständigen Führungskräften befunden haben, und die Gelegenheit nutzten, diesen Ärger im Fragebogen auszudrücken. Es gab aber auch eine viel größere Anzahl von Vermittlern, die zum Zeitpunkt der Befragung sehr gerne für das Unternehmen gearbeitet haben.

3. Ich finde, dass die angebotenen Produkte der VFP am Markt sehr gut ankommen.

Durchschnittswert: **3,0**

Wenn man weiß, wie gerne Vermittler als Ausrede für mäßige Verkaufserfolge die Produkte des Unternehmens verwenden, dann ist dieses Ergebnis durchaus zufriedenstellend. Es wird immer Mitbewerber geben, die in bestimmten Produktfeldern vorpreschen. Schließlich macht aber der Markt die Produkte, und andere Unternehmen sind gezwungen, rasch nachzuziehen. Mein Eindruck ist, dass sich die VFP bezüglich ihrer Produkte vor Mitbewerbern nicht verstecken muss.

4. Die VFP hat bei den Kunden einen sehr guten Namen.

Durchschnittswert: **2,5**

Dieses Ergebnis gibt der Marketingabteilung des Unternehmens eine sehr gute Rückmeldung. Für mich als externen Berater ist an dieser Auswertung vor allem folgender Punkt interessant: Führungskräfte klagen oft darüber, dass sich selbstständige Vermittler schwer führen lassen und damit drohen, zu einem anderen Unternehmen zu gehen, wenn sie weiterhin so „streng" geführt werden. Ich gebe gerne zu, dass es eine Herausforderung ist, gerade selbstständige Vermittler immer wieder in einen geordneten Erfolgsprozess hineinzuziehen. Auf lange Sicht hin wird aber kein Mensch etwas dagegen haben, wenn er sich durch die konsequente Entwicklungsarbeit seiner Führungskraft ständig verbessert und erfolgreicher wird. Man kann aber auch von dem Vermittler erwarten, dass er sich an Unternehmensvorgaben hält. Er arbeitet doch bei einem Unternehmen, das am Markt offensichtlich sehr gut ankommt, und kann für sich selbst die Vorteile dieses guten Marktauftritts in bare Münze umwandeln.

5. Ich führe jeden Tag mindestens zwei geplante Verkaufsgespräche durch.

Durchschnittswert: **5,5**

Das einzig Positive an diesem Wert ist die Ehrlichkeit der Vermittler, die hier zum Ausdruck kommt. Die Aussage, die dieser Wert ausdrückt, ist aber mehr als besorgniserregend. Die Systematik in der Terminplanung ist offensichtlich kaum ausgeprägt, der Zufall scheint zu regieren.

Bei der Erstellung des Fragebogens hatten wir die Zahl 2 für die Anzahl der Verkaufsgespräche pro Tag als *Mindestanzahl* verstanden und in der Befragung ein viel besseres Ergebnis erwartet. Bezogen auf den Umsatz des Unternehmens kann sich die VFP durchaus mit ihren Mitbewerbern messen. Sie ist in manchen Bereichen sogar deutlich über dem Marktschnitt gewachsen. Man kann sich als Leser dieser Zeilen leicht vorstellen, welcher Quantensprung in der Entwicklung des Unternehmens erreicht werden könnte, wenn alle Vermittler täglich drei komplette Verkaufsgespräche durchführen würden.

6. Mein Redeanteil in den Verkaufsgesprächen liegt unter 30 Prozent.

Durchschnittswert: **5,5**

Verkäufer reden, reden und reden. Wenn ich zu Beginn in meinen Verkaufsseminaren die Frage stelle: „Wie würden Sie denn den Redeanteil in Ihren Verkaufsgesprächen einschätzen?", antworten die meisten Teilnehmer, dass sie deutlich über 60 Prozent reden. Meist wird an dieser Stelle des Seminars geschmunzelt. Verkäufer fühlen sich ertappt und haben diese Frage auch im Fragebogen offensichtlich ehrlich beantwortet.

Der hohe Redeanteil ist nach wie vor das große Dilemma in den Verkaufsgesprächen:

- Präsentationen finden statt, bevor wir wissen, was der Kunde will.

- Abschlüsse werden zerredet („Sie wollen doch sicher noch überlegen …").

- Arbeitszeit wird vergeudet (Wer mit guten Fragen und Pausen verkauft, erreicht in der Hälfte der Zeit doppelt so gute Ergebnisse).

7. Ich führe das Verkaufsgespräch mit Fragen und Pausen.

Durchschnittswert: **4,0**

Diese Frage wird im Schnitt um eineinhalb Punkte besser bewertet als die Frage 6, obwohl beide Fragen auf denselben Inhalt abzielen. Ich denke, dass man mit der Frage 6, wenn man sie mit einem Lächeln stellt, die Wahrheit eher herausfindet, als mit der Frage 7. Die Vermittler wissen theoretisch, dass Fragen und Pausen zum Verkaufsgespräch gehören. Die meisten bekennen sich lieber zu ihrer Schwäche eines zu hohen Redeanteils als zuzugeben, dass sie die Pausen nach den Fragen nicht einhalten können. Wie auch immer: 4,0 ist jedenfalls ein Wert, der deutlich zeigt, dass an der Fähigkeit der Verkäufer, Fragen zu stellen und Pausen abzuwarten, noch gearbeitet werden muss.

8. Ich setze den KIB-Bogen mindestens einmal am Tag ein.

Durchschnittswert: **4,0**

Wozu entwickeln Unternehmen die schönsten und ausgereiftesten Kundenbefragungsbögen, wenn diese kaum von den Vermittlern eingesetzt werden? In der VFP AG gab es in den letzten Jahren ein umfangreiches Schulungsprogramm, das den Vermittlern den Sinn und den Einsatz des KIB bis ins kleinste Detail hinein nahegebracht hat. Trotzdem wird der Einsatz des KIB offensichtlich immer noch als „freiwillige Fleißaufgabe" verstanden. Positiv muss man auch an dieser Stelle wieder erwähnen, dass die Verkäufer wenigstens ehrlich geantwortet haben. Sie haben damit für den Vorstand eine Handlungsgrundlage geschaffen.

9. Ich halte für alle Sparten unseres Unternehmens eine Einstiegsfrage bereit, mit der ich das Thema beim Kunden elegant ansprechen kann.

Durchschnittswert: **4,0**

Die Wichtigkeit des Cross-Selling ist in der VFP AG in den letzten Jahren erkannt worden und entsprechend in Produkt- und Schulungsmaßnahmen umgesetzt worden. Die Verkäufer können damit aber offensichtlich noch wenig anfangen, was auch die durchschnittliche Cross-Selling-Quote des Unternehmens unterstreicht. Zum Zeitpunkt der Fragebogenerhebung lag die Quote unter „2", das heißt, dass die Kunden im Schnitt nicht einmal zwei Produkte bei der VFP platziert haben. Zu dieser Frage gab es viele handschriftliche Ergänzungen von Mitarbeitern, die sinngemäß aussagten, dass viele Cross-Selling wohl auf ihre eigene Art und Weise betreiben. Man will ja „kreativ" sein. Leider wird an dieser Stelle Kreativität oft mit Planlosigkeit verwechselt. Jedenfalls wird klar, dass die Vorteile von geplanter und strukturierter Aktivität noch nicht bei den Vermittlern angekommen sind.

10. Ich frage nach jedem Abschluss nach Empfehlungen.

Durchschnittswert: **5,0**

Auch hier ist das einzige Positive wieder die Ehrlichkeit der Vermittler. Die Frage nach der Empfehlung ist offensichtlich nach wie vor eine der schwierigsten Übungen im Verkauf. Man will „dem Kunden nicht auf die Nerven gehen", „sich nicht als Bittsteller fühlen", oder man „hat ja schon genug Kunden". Wenn ich in den Verkaufsseminaren die Teilnehmer nach ihren Texten für die Empfehlungsnahme frage, dann „hängt das davon ab", ist „mal so, mal so". Beim Zuhören wird sofort deutlich, dass der Teilnehmer diese Frage in der Praxis kaum stellt, sonst hätte er deren Wortlaut automatisiert.

11. Ein Kunde, der mehrere Sparten bei unserem Unternehmen hat, wird nicht so leicht von einem Mitbewerber abgeworben.

Durchschnittswert: **2,9**

Der Sinn des Cross-Selling ist den Vermittlern offensichtlich klar, auch wenn das Cross-Selling in der Praxis noch wenig umgesetzt wird. Es stellt sich folgende Frage: Weshalb praktizieren Verkäufer Cross-Selling nicht, obwohl sie dessen Vorteile kennen? Das „Was" hat der Vermittler wohl verstanden, das „Wie" ist aber anscheinend noch zu wenig vermittelt und trainiert worden. Es geht wieder um ganz konkrete Fragen, die es dem Vermittler ermöglichen, eine andere Sparte anzusprechen: „Herr Kunde, jetzt haben wir den Sparvertrag für Sie abgeschlossen. Ich habe noch eine Frage an Sie: Was haben Sie denn in Bezug auf Ihre Altersvorsorge vor?"

12. Ich habe über die Produkte unseres Unternehmens ein gutes Fachwissen.

Durchschnittswert: **1,5**

Das Fachwissen der Vermittler ist anscheinend sehr gut ausgebildet. Das ist sehr erfreulich, weil man sich demnach rasch mit den strukturellen Entwicklungen im Verkaufsgespräch beschäftigen kann, anstatt zuerst mühsam Fachwissen nachschulen zu müssen.

13. Ich sehe die Controlling-Instrumente (Erfolgsplanbogen, Wochenbericht) als sinnvolle Hilfe zur Planung meines Erfolgs an.

Durchschnittswert: **4,5**

Der Sinn der geplanten Erfolgskontrolle ist bei den Vermittlern wohl noch nicht ganz angekommen. Wenn man aber nur die Führungskräfte fragt, was denn ihre Vermittler von Controlling halten, dann hätte man noch einen schlechteren Durchschnittswert erwartet. Tatsache ist, dass an dieser Stelle noch viel Arbeit vor uns liegt. Zudem stellt sich die Frage, wer die größeren Berührungsängste in Bezug auf das Thema Controlling hat: die Vermittler oder deren Führungskräfte? Jedenfalls sind Controlling-Maßnahmen von den Vermittlern noch nicht vollständig als unersetzbare Hilfe für den geplanten Verkaufserfolg eingestuft worden.

14. Ich erlebe die Entwicklungsgespräche mit meiner Führungskraft als wertvolle Hilfe für meinen Verkaufserfolg.

Durchschnittswert: **3,0**

Immerhin ein deutlich positiver Wert. Führungsgespräche werden – dort, wo sie stattfinden – als zumindest deutlich hilfreicher erlebt als die Controlling-Instrumente in Frage 13. Dies ist immerhin eine gute Ausgangsbasis. Die Akzeptanz der Führungsgespräche könnte noch gesteigert werden, wenn diese konkreter, kürzer und zielgerichteter gestaltet werden könnten.

15. Ich erlebe die Team-Meetings mit meinem Vertriebsteam als wertvolle Hilfe für meinen Verkaufserfolg.

Durchschnittswert: **4,0**

Dieses Ergebnis muss man kritisch betrachten. Wenn Team-Meetings durchgeführt werden, dann müssen die Vermittler davon in ihrem Tagesgeschäft profitieren, sonst sind diese Meetings verlorene, wenn nicht gestohlene Zeit. Als Faustregel dafür sollte gelten, dass zumindest die Hälfte der Zeit eines Meetings für die Einübung von Verkaufstechnik verwendet wird.

5.3 Das Ergebnis: Ein Nachschlagewerk auf CD-Rom und eine verbindliche Ordnung

Nach der Präsentation der Ergebnisse ging die Diskussion in der Steuerungsgruppe munter durcheinander. Die Stimmung war insgesamt positiv. Man war sich darüber einig, dass die Vertriebsmannschaft ihrem eigenen Job und dem Unternehmen gegenüber prinzipiell positiv eingestellt ist. Der Sinn der Unternehmensstrategie wurde im Großen und Ganzen mitgetragen, die Umsetzung ließ aber in weiten Bereichen noch zu wünschen übrig. Das „Was" konnte den Vermittlern bereits verkauft werden, das „Wie" wurde aber noch nicht ausreichend vermittelt und trainiert. Das galt wohl für alle Bereiche der Vertriebssteuerung, von der Telefonakquise bis zum Verkaufsgespräch, vom Einsatz des KIB bis zur Notwendigkeit der Empfehlungsfrage. Die Controlling-Prozesse liefen noch sehr schleppend; die Führungsgespräche und die Teamrunden der Verkäuferteams hatten noch keine einheitliche Struktur.

Weitere Nachfragen zeigten, dass es in den meisten Direktionen „selbst gestrickte" Unterlagen für die Verkäufer gab. Die gemeinsame Struktur als Grundlage einer gemeinsamen Ordnung war nicht erkennbar. Die inhaltliche Qualität der Unterlagen war höchst unterschiedlich. Niemand fühlte sich dafür verantwortlich, die Handhabung von Verkaufshilfen mit den Vermittlern zu trainieren und den regelmäßigen Einsatz beim Kunden einzufordern.

Der nächste Schritt bestand nun darin, die dezentralen Unterlagen zu sichten und mit den von der Zentrale angebotenen Unterlagen zu einem einheitlichen Ganzen zu verschmelzen. Die Ausbildungsabteilung wurde beauftragt, sich damit zu beschäftigen. In zahlreichen Sitzungen der Steuerungsgruppe und der Untergruppen wurden Vorschläge entwickelt, präsentiert und verfeinert. Das Ergebnis war dann ein Nachschlagewerk auf CD-ROM. Dieses Nachschlagewerk beschrieb zum einen die einzelnen Bausteine des Vertriebskonzepts des Unternehmens und lieferte zum anderen das praktische Handwerkzeug für die Umsetzung im Verkaufs- und Führungsalltag. Das Nachschlagewerk berücksichtigte folgende Begriffe:

- **Das Verkaufsgespräch**

Das Verkaufsgespräch wird als „Standardsituation" definiert. Der Anlassfall des Kundenkontakts ist natürlich individuell verschieden, die Grundelemente KIB-Bogen, Cross-Selling und die Frage nach der Empfehlung müssen aber in jedem Verkaufsgespräch vorkommen. Die Vermittler finden auch Vorschläge für Fragen während der einzelnen Gesprächsphasen, wie zum Beispiel Abschlussfragen.

■ KIB

Der Kundeninformationsbogen und seine Verwendung beim Kunden werden im Detail dargestellt. Die Vermittler finden Fragen für den Einstieg in das Beratungsgespräch mit dem Bogen sowie praktische Hinweise für das Handling und die spätere Auswertung.

■ Cross-Selling

Für die gängigen Sparten des Unternehmens werden Einstiegsfragen angeboten.

■ Wochenplan

Für Vermittler und Verkaufsleiter wird ein Musterwochenplan angeboten.

■ Empfehlung

Für die Frage nach der Empfehlung werden mehrere Ausgangssituationen und die dafür passenden Fragen nach der Empfehlung aufgelistet.

■ Telefonakquise

Hier findet der Vermittler allgemeines Wissen über die Telefonakquise. Er kann sich Leitfäden für typische Telefongespräche ansehen und findet auch ein Kapitel zum Thema Einwandbehandlung am Telefon.

■ Controlling

Die einzelnen Formblätter für das Controlling sind aufgelistet und können ausgedruckt werden. Der Vermittler findet Ausfüllhilfen und Informationen darüber, zu welchen Zeitpunkten die Führungskraft diese Unterlage in welcher Qualität erhält.

■ 15-Minuten-Zielgespräch

Das wöchentliche Entwicklungsgespräch der Führungskraft mit jedem Mitarbeiter wird vom Ablauf her beschrieben. Die Führungskräfte finden eine Auflistung von typischen Führungssituationen ihres Führungsalltages und ausgereifte W-Fragen, mit denen sie diese Gespräche eröffnen können. Für den weiteren Verlauf des Gesprächs steht eine breite Auswahl von Vertiefungsfragen zur Verfügung. Die Führungskräfte finden zudem ein Kapitel darüber, wie sie eine Vereinbarung herstellen und ein Protokoll darüber verfassen. Darüber hinaus werden typische Fehler, die im „15-Minuten-Zielgespräch" immer wieder auftreten, vorgestellt.

■ **Team-Meeting**

Es wird festgelegt, dass jede Woche ein maximal zweistündiges Meeting der Verkäufermannschaft stattfindet. Die Führungskraft findet zwei Ablaufpläne als Beispiele für eine gelungene Teamsitzung. Der Ablauf von Übungen wird detailliert beschrieben.

Beim nächsten Meeting galt es, die Präsentation der CD-ROM vor der Vertriebsmannschaft zu planen. Es war klar, dass diese Vorstellung möglichst rasch erfolgen musste. Mithilfe von begleitenden Schulungsmaßnahmen sollten die Inhalte der CD-ROM möglichst schnell und gezielt in die Verkaufs- und Führungsgespräche einfließen. In allen acht Direktionen sollten Auftaktveranstaltungen stattfinden. Dort wollte der Vorstand sich selbst sowie seine Vorstellungen im Hinblick auf die Zukunft des Unternehmens präsentieren. Die Gruppe beschloss, diesen Rahmen zu nutzen. Sie plante, in welchem Rahmen dort die CD-ROM vorgestellt werden sollte.

Der nächste Programmpunkt des Treffens war unter dem Schlagwort „*Spielregeln*" im Ablaufprogramm der Gruppensitzung angekündigt. Bereits im Vorfeld hatte ich mich mit dem Vorstand ausführlich über meinen Aufenthalt im Kloster unterhalten und in diesem Zusammenhang vor allem die dort erlebte Ordnung geschildert. Auch er vertrat die Auffassung, dass es eine festgelegte und geschriebene Ordnung in den ihm bekannten Unternehmen praktisch nicht gäbe. Er wusste um die große Bedeutung einer Ordnung im Vertrieb. Eine Ordnung sollte geschaffen werden, um Ergebnisse planbar werden zu lassen und um Mitarbeiter – zu ihrem eigenen Vorteil und zum Vorteil des Unternehmens – auf Erfolgskurs zu bringen. Er wollte das Thema Ordnung unter dem Schlagwort „Spielregeln" in der Gruppe behandelt sehen.

Meine Aufgabe war nun die Moderation. Zunächst beschrieb ich meine Erfahrungen im Kloster. Den Begriff Ordnung brachte ich mit den einzelnen Bausteinen in den Vertriebsprozessen in Verbindung und zeigte auf, wie wichtig eine Ordnung ist, damit sich die gewünschten Ergebnisse einstellen können. Schon nach kurzer Zeit sprach die Gruppe nicht mehr von „Spielregeln", sondern von der *Ordnung*. Im Plenum wurde dann festgelegt, welche einzelnen Punkte in die *Ordnung* einfließen sollten. Zur detaillierten Ausarbeitung teilten wir uns in kleine Gruppen auf. Die Ergebnisse der Gruppenarbeiten wurden präsentiert, ergänzt und zu einem Ganzen zusammengeführt. Dann hatten wir es geschafft: Die *Ordnung* wurde in Reinschrift auf zwei nebeneinander aufgestellten Flipcharts präsentiert.

5.4 DIE ORDNUNG DER VFP AG

*1. Wir verstehen uns als **Fragensteller** und wissen, dass die beste Frage ihre Wirkung verliert, wenn wir die **Pause** danach nicht abwarten. Wir haben die richtigen Fragen für die Verkaufs- und Führungsgespräche jederzeit abrufbar.*

*2. Wir verstehen Führung als **Dienstleistung**. Wir gehen davon aus, dass die Mitarbeiter die meisten ihrer Probleme selbst lösen können und machen den Mitarbeitern diese Kompetenz durch die richtigen Fragen und Pausen zugänglich.*

*3. Wir führen mindestens zwei geplante **komplette Verkaufsgespräche** am Tag durch. Ein Verkaufsgespräch ist dann „komplett", wenn der KIB-Bogen eingesetzt wurde und nach Empfehlungen gefragt wurde. Die Zahl 2 verstehen wir als Mindestanforderung, der gewünschte Durchschnittswert liegt bei 3 Terminen pro Tag.*

4. Wir planen vier Stunden in der Woche für die **telefonische Terminvereinbarung** ein und gehen am Freitag nicht nach Hause, bevor die Termine für die nächste Arbeitswoche vereinbart sind.

5. Wir setzen den Kundeninformationsbogen **KIB** in jedem Verkaufsgespräch ein. Bei Erstgesprächen arbeiten wir diesen Bogen mit dem Kunden ganz durch, bei Gesprächen mit uns bekannten Kunden fragen wir jene Bereiche ab, über die wir noch keine Informationen haben.

6. Wir sehen die **Cross-Selling-Quote** als oberstes Qualitätsmerkmal unserer Arbeit an und streben danach, die vom Unternehmen vorgegebene Planzahl zu erreichen. Die aktuelle Planzahl beträgt 2,5. Das heißt, dass die Kunden im Schnitt 2,5 Produkte bei uns platziert haben sollen.

7. Wir verstehen **Controlling** nicht als Schikane, sondern als Chance. Wir wissen, dass schriftlich geplante Aktivitäten die Voraussetzung für den Verkaufserfolg sind. Wir verpflichten uns daher, die vom Unternehmen entwickelten Checklisten in der jeweils aktuellen Form auszufüllen und der Führungskraft zum vorgesehenen Zeitpunkt zur Verfügung zu stellen.

8. Wir wollen unseren Kundenbestand ständig erweitern und fragen deshalb in jedem Verkaufsgespräch nach einer **Empfehlung**.

9. Wir haben das Recht auf ein wöchentliches, einstündiges **Entwicklungsgespräch** mit unserer Führungskraft. Der Inhalt des Gesprächs ist die Besprechung der KIB-Bögen. Besprochen werden die aktuellen Umsätze, die Zahl der geplanten und durchgeführten Termine und die Weiterentwicklung der Arbeitstechnik.

10. Wir planen einmal in der Woche ein **Team-Meeting** mit der gesamten Mannschaft eines Verkaufsleiters. Dieses Meeting dauert maximal zwei Stunden. Mindestens die Hälfte der Zeit wird für Übungen in den verkäuferischen Fertigkeiten verwendet.

> 11. Wir fühlen uns verpflichtet, das **Fachwissen** zu den einzelnen **Produkten** und das Wissen über die Details der **Arbeitsorganisation** unseres Unternehmens immer auf dem neuesten Stand zu halten.
> 12. Wir melden uns bei der Führungskraft, wenn wir **Hilfe** bei der **Umsetzung der Ordnung** benötigen, bemühen uns aber auch, die Zeit der Führungskraft nicht über Gebühr zu beanspruchen.

Die *Ordnung* und die *CD-ROM* wurden bei den Veranstaltungen des Vorstands in den Regionen präsentiert.

Bei unserem nächsten Gespräch berichtete mir der Vorstand über die Veranstaltungen, die wohl ein überwiegend positives Echo gehabt hatten. „Die *Ordnung* ist eingeführt", sagte er. „In manchen Bereichen wird sie schon voll und ganz gelebt, es gibt einzelne Vertriebsteams, in denen alle Vermittler freiwillig die Ordnung unterzeichnet haben. In anderen Bereichen ist die Umsetzung noch nicht so gelungen." Besonders freute es den Vorstand, dass gerade in den Bereichen, in denen die Ordnung schon umgesetzt worden war, eine deutliche Steigerung der Vertriebsergebnisse messbar war. Der Erfolg gab denen, die die Bedeutung der Ordnung schon erkannt hatten, Recht.

5.5 Die gültige Ordnung festigen

Um die Ordnung zu festigen, nahm sich der Vorstand Folgendes vor:

- Ich sorge dafür, dass jeder Mitarbeiter des Vertriebs über ein Exemplar der Ordnung verfügt und sich regelmäßig damit beschäftigt.
- Ich ermögliche und verstärke ordentliche Prozesse.

- Ich frage meine Führungskräfte nicht, wie viel Umsatz ich in der Sparte X von ihnen in diesem Monat noch erwarten kann, sondern ich frage, wie viele ordentliche Verkaufstermine in diesem Monat in ihrer Vertriebsmannschaft noch stattfinden.

- Ich stelle klar, dass es mir nicht darum geht, wie viel Stück einer Sparte in diesem Monat noch verkauft werden, sondern darum, wie oft diese Sparte in den Verkaufsgesprächen dieses Monats noch angesprochen wird. Damit will ich das richtige Handeln der Vermittler fördern, das automatisch den Erfolg sicherstellt.

- Ich sorge dafür, dass kein Vertriebspartner für Sonderleistungen geehrt wird, wenn er nicht nach der Ordnung arbeitet.

- Ich prüfe in Telefonaten und persönlichen Treffen mit Vertriebspartnern deren verkäuferische Fähigkeiten: „Herr X, mit welchen Worten fragen Sie nach der Empfehlung?"

- Ich komme unangemeldet zu Team-Meetings und überzeuge mich davon, dass 50 Prozent der Veranstaltung aus Übungen besteht.

- Ich stelle sicher, dass auch in den von mir selbst veranstalteten Meetings die Hälfte der Zeit für Workshops und Übungen verwendet wird.

Die restliche Zeit unseres Gesprächs verwendeten wir für die inhaltliche und organisatorische Planung der Seminare „Das-15-Minuten-Zielgespräch", die in wenigen Wochen starten würden.

Mittlerweile, es ist bereits ein Jahr seit dem ersten Gespräch mit Herrn B. in Köln vergangen, hat die VFP AG die Ordnung fest in ihren Vertriebsprozessen verankert. Es gibt natürlich immer noch Querschüsse einzelner Mitarbeiter und Versuche, die Ordnung in Frage zu stellen. Es wird nie eine „reinste Form" der Ordnung im Vertrieb geben, die unumstößlich ist und von niemandem angezweifelt wird. Dies wäre auch nicht sinnvoll. Wenn man aber bedenkt, wie zufällig manche Vertriebsprozesse oftmals ablaufen, so ist es fast schon eine Sensation, dass diese Ordnung in einem

Unternehmen geschaffen wurde und die Vertriebsmitarbeiter halbwegs danach leben.

Die VFP AG ist auf einem guten Weg, diese Ordnung als Selbstverständlichkeit immer tiefer im Unternehmen zu verankern. Je erfolgreicher die Vermittler mit geordneten Prozessen agieren, desto selbstverständlicher werden sie in der Folgewoche wieder danach handeln. Das Ganze steht und fällt aber vor allem mit dem Handeln des Vorstands: Solange Herr B. konsequent beim Einfordern der Ordnung bleibt, hat diese Ordnung eine echte Chance, zur Selbstverständlichkeit zu werden!

6. Kapitel

Führen und Verkaufen mit der Kraft der Ordnung – ein Unternehmen beweist Mut zu klaren Regeln

6.1 Der Auftakt

Hannover, im Januar 2009. Die Vorbereitungen waren getroffen. Ich hatte die Vortragstechnik mehr als einmal gecheckt. Nun stand ich in einem stillen Winkel der Bühne und sah den Menschen zu, die sich gemächlich in den Saal begaben. Manche setzten sich sofort, andere standen in kleinen Gruppe zusammen und plauderten miteinander. Der Lärmpegel war ziemlich hoch, meine Anspannung war noch höher. Bei Großveranstaltungen erwarten die Zuschauer ein fertiges, optisch gut aufbereitetes Programm, das sie faszinieren und ihnen einen Mehrwert für ihre berufliche Tätigkeit bringen soll. Fast ein Drittel der dort sitzenden Teilnehmer war mir aus Seminaren bekannt, die ich für diesen Kunden in den letzten Jahren durchgeführt hatte.

Diese Veranstaltung war der Jahresauftakt eines Finanzdienstleisters und als Impuls gedacht. Später sollten mehrere Seminare zur Vertiefung des Themas folgen und die praktischen Fertigkeiten für die Führungs- und Verkaufsgespräche trainiert werden. Gut ein Drittel der Teilnehmer brachte Vorkenntnisse mit: Diese Teilnehmer wussten beispielsweise, was eine *„rote Linie"* ist und warum *„die richtigen Fragen und die Pausen danach"* für den Erfolg von Führungs- und Verkaufsgesprächen so wichtig sind. Einigen war auch *„Das 15-Minuten-Zielgespräch"* ein Begriff.

Im Vorgespräch mit dem Auftraggeber hatten meine Erfahrungen, die ich im Kloster mit der Benediktsregel gemacht hatte, einen großen Raum eingenommen. Ausführlich hatten wir über die Möglichkeit diskutiert, Kernaussagen der Benediktsregel auf den Vertrieb zu übertragen. Der Vorstand vertrat die Auffassung, dass ihm dieses Thema im Hinblick auf die Entwicklung seiner Vertriebsmannschaft sehr helfen würde. Viele Abläufe erlebte er als ungeordnet, sie sollten eine neue Ordnung erhalten. Er war sich sicher, dass alle Beteiligten von klaren Regeln profitieren würden. Aus diesem Grunde erhielt die Auftaktveranstaltung den Titel *„Führen und verkaufen mit der Kraft der Ordnung"*.

Da es die erste Veranstaltung nach meiner Einkehr im Kloster war, war ich sehr gespannt und auch ein wenig unsicher. Es galt, zum einen die Teilnehmer nicht mit meinen persönlichen Erfahrungen zu überrollen und zu überfordern, und zum anderen, ihnen dabei zu helfen, ihre Vertriebsstrukturen neu zu ordnen. Oder würde man einen Trainer, der aus der Regel des Benedikt zitiert, von der Bühne pfeifen? Es half alles nichts, ich musste volles Risiko eingehen.

Der Vortrag war minutiös vorbereitet: Mithilfe einer Power-Point-Präsentation sollten die Teilnehmer die einzelnen Elemente nacheinander kennen lernen. Nachdem der Vorstand die Veranstaltung eröffnet hatte, erläuterte ich einige wichtige Begriffe, die in meinen Seminaren immer wieder vorkommen.

- *Die rote Linie:* Sie ist eine Entwicklungsgrenze, an der wir oft wieder umkehren, ohne sie zu überschreiten.
- *Was-Prozesse* sind oftmals klar umrissen.
- *Wie-Prozesse* (die Technik für die Umsetzung) sind noch immer nur bruchstückhaft in den Unternehmen vorhanden.
- *Fragen:* Es sind Fragen für die Führungs- und Verkaufsgespräche entwickelt worden. Aber diese Fragen sind meist noch immer nicht automatisiert. Und dann werden diese Fragen an der roten Linie nicht gestellt, weil sie nicht sofort und konkret verfügbar sind.

■ *Wochenplanung:* Das Unternehmen hatte drei Termine pro Arbeitstag als Anforderung an die einzelnen Vertriebsmitarbeiter ausgegeben. Doch oftmals wird dies nicht umgesetzt. Die Anzahl der Termine ist schwankend. Die Führungskräfte der Vermittler geben oftmals in diesem Zusammenhang auch nur vage Antworten. Die Absurdität dieser Antworten veranschaulichte ich anhand eines Beispiels: Hinter der Theke in einer Bäckerei stand eine Verkäuferin. Mit dem nächsten Klick der Fernbedienung des Beamers kam ein Kunde ins Bild. Gleich darauf eine Sprechblase: „Ich hätte gerne acht bis zwölf Brötchen." Dieses Bild löste im Raum schallendes Gelächter aus. Ein Bild sagt eben doch mehr als 1000 Worte.

Die aktuelle *Unordnung* in den Verkaufsprozessen wurde also den Teilnehmern vor Augen geführt. Nun war es an der Zeit, über die *Ordnung* zu reden. Ich sagte: „Stellen wir uns vor, wir würden jeden Freitag so lange im Büro bleiben, bis wir für die nächste Arbeitswoche drei Termine pro Arbeitstag vereinbart hätten. Stellen wir uns weiter vor, dass jedes dieser Verkaufsgespräche eine *Standardsituation* wäre, in der alle Sparten angesprochen würden und wir auch nach der Empfehlung fragen würden." *(Pause)* „Nun bitte ich Sie aufzustehen, wenn Sie davon überzeugt sind, dass wir mit diesem Vorgehen mindestens eine fünfzigprozentige Umsatzsteigerung erreichen könnten."

Nach wenigen Augenblicken standen etwa zwei Drittel der 400 Teilnehmer. Ich ließ dieses Bild einige Sekunden lang wirken. Dann bat ich nacheinander drei Personen auf die Bühne, damit sie die Aufbruchsstimmung sehen konnten. Als später wieder alle saßen, fragte ich einige Anwesende im Plenum nach ihrem Eindruck. Aus den Reaktionen wurde klar, dass Chancen erkannt und gute Vorsätze gefasst wurden. Ich fragte auch zwei Teilnehmer, die nicht aufgestanden waren, nach dem Grund dafür. Einer war wohl ein extrem erfolgreicher Verkäufer, der sich eine Steigerung um 50 Prozent für sich selbst nicht vorstellen konnte. Der andere war der Meinung, dass eine deutliche Steigerung möglich wäre, 50 Prozent schienen ihm aber zu hoch gegriffen.

Nun berichtete ich, dass ich vor Kurzem Ordnung in „Reinform" erlebt hatte. Die Teilnehmer, die raten sollten, wo ich wohl gewesen war, dachten, ich wäre vielleicht im Gefängnis, im Krankenhaus oder beim Militär gewesen. Es gab natürlich viele Lacher.

Gefängnis, Krankenhaus und Militär werden sehr eng mit der Ordnung in Verbindung gebracht. Diese sozialen Systeme leben natürlich auch von der Ordnung bzw. wären ohne strenge Ordnung nicht denkbar. Es gibt auch niemanden, der die Ordnung in diesen Systemen in Frage stellt. Sie ist einfach da! Den „Freigang" im Gefängnis muss man sich dadurch verdienen, dass man sich einige Zeit genau an die Ordnung gehalten hat. Wenn es beim Militär „rechts um" heißt, müssen dies alle Soldaten befolgen. Und wenn der Rettungshubschrauber auf dem Dach des Krankenhauses landet, muss das Ärzteteam schon bereitstehen.

Gespannt lauschten die Teilnehmer, als ich von meinem Klosterseminar „Einkehr und Verwandlung" berichtete und ihnen den für mich wichtigsten Satz des Abtes, *„Wir haben hier folgende Ordnung"*, nannte und erläuterte. Ich berichtete, wie sehr mich dieser Satz bewegt hatte. Und je mehr ich von meinen Erfahrungen im Kloster erzählte, desto stiller wurde es im Saal. Ich nahm mein kleines schwarzes Büchlein zur Hand, auf dessen Einband mit goldenen Lettern *„Die Regel des Heiligen Benedikt"* steht, und las daraus einige Textstellen, die wohl für das Klosterleben geschrieben waren, aber ebenso gut auf den Vertrieb und das Führen im Vertrieb übertragbar waren, vor. Anscheinend hatte ich einen Punkt getroffen, der die Teilnehmer sehr bewegte. Und offenbar wurde hierdurch auch die Sehnsucht vieler Teilnehmer angesprochen, sich endlich einmal eine Auszeit zu gönnen und dem Hamsterrad zu entfliehen, in dem sich viele von ihnen wohl befunden hatten. Manch einer wird sich an dieser Stelle des Vortrags vorgenommen haben, wieder einmal über den Sinn seines Lebens nachzudenken. Mein Angebot, den Job neu zu ordnen, um bessere Umsätze zu bringen *und* trotzdem mehr Zeit für sich zu haben, dürfte auch vielen der Zuhörer gefallen haben. „Sie werfen Ihren Chefs vor", sagte ich, „dass Aktionismus betrieben wird. Heute sei diese Sparte wichtig, morgen eine andere.

Wenn Sie strukturiert arbeiten würden, hätten Sie zu allen Zeiten des Jahres in allen Sparten so viel Geschäft, dass sich niemand genötigt sehen würde, Aktionismus zu betreiben."

Der nächste Block des Vortrags beschäftigte sich mit dem „Wie". Konkrete Verkaufs- und Führungssituationen wurden mit den richtigen Fragen in Zusammenhang gebracht. Bei den Kernthemen der Führung wies ich auch auf die Verantwortung hin, die Führungskräfte für das Erreichen der Unternehmensziele haben.

Den Vortrag beendete ich mit zwei Zitaten aus der Benediktsregel und sprach dabei einige mir bekannte Führungskräfte und den Vorstand namentlich an. Insgesamt hatte ich den Eindruck, dass diese Auftaktveranstaltung, der noch Vertiefungsseminare folgen sollten, bei den Teilnehmern gut angekommen war. Mir ist sie auch in guter Erinnerung geblieben.

Nach dem Vortrag ergab sich noch folgender Dialog mit dem Vorstand, den ich Ihnen nicht vorenthalten möchte:

Vorstand: „Die Teilnehmer waren von Ihrem Vortrag extrem begeistert! Ich hatte zunächst Bedenken, dass wir uns mit der Benediktsregel zu weit aus dem Fenster lehnen und die Teilnehmer befremdlich reagieren könnten."

Trainer: „Sie haben ja gesehen, wie groß die Sehnsucht der Teilnehmer ist, sich auf solche Themen einzulassen. Die Menschen suchen und bekommen eine Antwort geboten, die das Berufsleben der Führungskräfte und Verkäufer einfacher und erfolgreicher macht. Jeder kann für sich von dieser Ordnung profitieren, ohne sich dabei durch Glaubensfragen eingeengt zu fühlen."

Vorstand: „Sie sprechen ja nicht nur über Ordnung. Sie sprechen ja auch über die Liebe als oberste Handlungsmaxime, gerade auch in Führungsprozessen."

Trainer: „So deutlich habe ich heute davon ja gar nicht gesprochen. Aber es stimmt natürlich. Sie werden die Menschen *eher abholen und bewegen können, wenn Sie sich selbst als Führungskraft von dieser Orientierung leiten lassen. Dann werden Ihnen Ihre Mitarbeiter auch eher folgen. Sie sind dann glaubwürdiger."*

6.2 Das praktische Training

Und wieder stand ich am Beginn eines Seminars. Die Teilnehmer saßen und warteten auf den Anfang. Ich habe diese Situationen in den letzten Jahren hunderte Male erlebt, nachdem ich meine Seminare auf eintägige Veranstaltungen reduziert hatte. Die Kunden begrüßen diese Verdichtung auf einen Tag, weil hierdurch enorme Übernachtungskosten für die Teilnehmer eingespart werden können. Für mich heißt es somit, jeden Tag neu anzufangen, manchmal sogar fünfmal pro Woche. Damit ergibt sich immer wieder die Herausforderung, eine Gruppe sehr rasch zum Arbeiten zu bringen. In dieser Situation profitierte ich davon, dass die Teilnehmer vor Kurzem die Auftaktveranstaltung besucht hatten. Deshalb konnte ich rasch mit direkten Fragen und Pausen in den Arbeitsprozess einsteigen.

Beispiel:

Trainer: „Herr F., wie viele Verkaufsgespräche in der Woche führen Sie durch?"

Herr F.: „Im Schnitt werden es so an die sieben bis zehn Termine sein."

Trainer: „Sind es nun sieben oder zehn?"

Herr F.: „Das hängt davon ab. Manchmal sind es sieben, manchmal zehn."

Trainer: „Wie viele Termine in der Woche trauen Sie sich zu?"

Herr F.: „Na ja, so etwa zwölf Termine könnte ich schon unterbringen."

Trainer: „Was muss denn passieren, damit von nun an jede Woche zwölf Termine im Kalender stehen?"

Herr F.: „Ich müsste einen Telefonblock mehr einplanen."

Trainer: „Wann könnte ein weiterer Terminblock in der Woche stattfinden?"

Herr F.: „Ich habe verstanden."

Der Teilnehmer griff in seine Tasche und nahm seinen Kalender heraus.

Ich fragte die Teilnehmer, welche Schlagworte ihnen von der Auftaktveranstaltung in Erinnerung geblieben sind. Folgende zwei Begriffe wurden sofort genannt: *Ordnung* und *Standardsituation*.

- Der Begriff *Ordnung* ist in der bisherigen Berufskarriere der Teilnehmer meist kaum erwähnt worden. Es ging sicher oft um Strukturen, aber eben nie um eine Ordnung.

- Der Begriff *Standardsituation* hat wohl auch einen bleibenden Eindruck hinterlassen, da offensichtlich leicht nachzuvollziehen ist, dass man umso erfolgreicher ist, je öfter man Standardsituationen schafft. Die Abwicklung der Standardsituationen ist leicht zu üben. Ein Vergleich mit dem Fußball bietet sich an. Folgende Frage hat sich inzwischen zu einer Standardfrage in meinen Seminaren entwickelt: „Was glauben Sie, warum die Fußballtrainer stundenlang Standardsituationen üben lassen?"

Folgende weitere Themen wurden dann noch erwähnt:

- fixe Terminzahl pro Woche
- Fragen
- Pausen
- Abschlussfrage
- Cross-Selling im Zusammenhang mit dem KIB-Bogen

- Einwände

- Vorbereitung auf die Kundengespräche

Ein wesentlicher Punkt wurde nicht erwähnt und deshalb von mir angesprochen: die *Frage nach den Empfehlungen.* Im Seminar ergab sich folgender Dialog:

Beispiel:

Trainer:	„Herr S., mit welchen Worten fragen Sie nach der Empfehlung?"
Herr S.:	„Ja, wenn ich frage, dann ..."
Trainer:	„Was glauben Sie denn, wie sehr mich diese Frage überzeugt hätte, wenn ich Ihr Kunde wäre?"
Herr S.:	(lächelnd) „Gar nicht."
Trainer:	„Wie könnte denn eine Frage lauten, die mich überzeugt?"

Herr S. dachte nach, setzte ein paar Mal an, dann hatte er eine Frage gefunden, die überzeugend wirkte. Ich bat ihn, diese Frage an mich zu stellen. Nach mehreren Versuchen wirkte die Frage sehr überzeugend, und die Pause danach wurde auch abgewartet.

Trainer:	„Warum verzichten Sie freiwillig darauf, die Freunde Ihrer Kunden zu beraten?"
Herr S.:	„Ich fange damit an. Im nächsten Gespräch."

Die Zusammensetzung der Gruppe bot sehr interessante Entwicklungsmöglichkeiten. Ein Verkaufsdirektor hatte zwei Verkaufsleiter dabei, und diese wiederum je einen Vermittler. Diese fünf Personen bildeten die eine Hälfte der Gruppe, die andere Hälfte bildete ein weiterer Verkaufsdirektor mit seinem Team. Ich hatte es also mit echten Führungspaaren zu tun.

Vermittler sind durch gute Fragen erfolgreich davon zu überzeugen, dass sie von einer strukturierten Arbeitsweise nur Vorteile haben. Sinnlos ist es, ihnen irgendetwas einzureden.

Wir beschäftigen uns also weiterhin mit dem Thema Ordnung. Die Teilnehmer ließen die letzten beiden Arbeitswochen im Hinblick auf die zugrunde liegende Planung Revue passieren. Folgende Fragen galt es zu beantworten:

- Wie gut war ich organisiert?
- Wie präzise habe ich geplant?
- Wie genau habe ich meine Planungen umgesetzt?

Unser Verkaufsprozess

Zufall *Ordnung*

Was sagt dieses Bild aus

- Wir nutzen unser Potenzial nicht.
- Mehr Zufall als Ordnung.
- Wir haben die Vorteile von geordneten Prozessen noch nicht erkannt.
- Bei uns macht jeder, was er will.
- Führungskräfte fordern die Ordnung nicht ein.
- Wir verhindern mehr Erfolg durch ungeplantes Vorgehen.
- Wir haben Berührungsängste mit der Ordnung.
- Mehr als die Hälfte der Teilnehmer orientiert sich mehr am Zufall.

Abbildung 4: Zufall und Ordnung im Verkaufsprozess

Anschließend erhielt jeder Teilnehmer einen Moderationspunkt und konnte eine Einschätzung für seine aktuelle Berufssituation zwischen „Zufall" und „Ordnung" abgeben. Abbildung 4 (Seite 115) zeigt diese Abfrage sowie die entsprechenden Kommentare der Teilnehmer.

Auf dem nächsten Flipchart stand vorerst nur die Überschrift „Unsere Ordnung". Anschließend ergab sich eine Diskussion über das Thema „Ordnung", das den Teilnehmern ja bereits aus der Auftaktveranstaltung bekannt war.

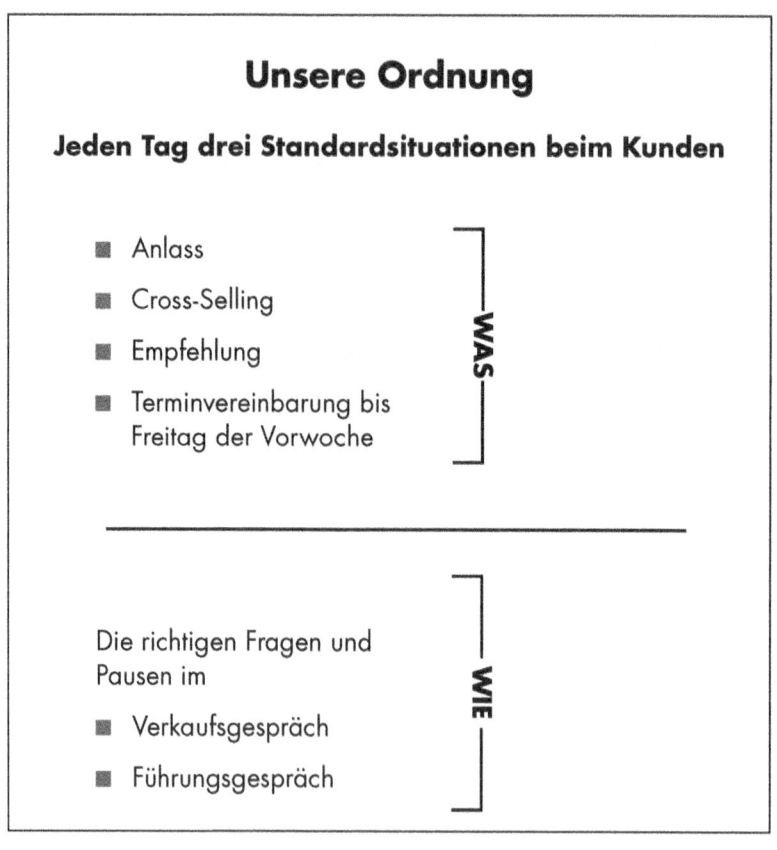

Abbildung 5: Exemplarische Ordnung

Es gab immer wieder Vertiefungs- und Klärungsbedarf. Die geforderten drei Termine pro Arbeitstag waren anscheinend noch nicht überall umgesetzt worden. Einige waren gerade im Umsetzungsprozess. Doch alle Beteiligten waren sich einig, dass das „Was" ohne das „Wie" zu wenig ist.

6.2.1 Die richtigen Fragen im Verkaufsgespräch trainieren

Beispiele:

KIB

- „Was halten Sie davon, wenn wir uns einen Überblick über Ihre finanziellen Möglichkeiten verschaffen?"
- „Was halten Sie davon, wenn ich Ihnen zeige, wie Sie Geld vom Staat geschenkt bekommen?"

Rentenvorsorge

- „Wo haben Sie Ihre Riester-Rente abgeschlossen?"
- „Was haben Sie vor, als Rentner zu tun?"

Fondsparen

- „Was erwarten Sie sich von einer langfristigen Sparform?"
- „Welche Rendite erwarten Sie sich von einer Geldanlage?"

Bausparen

- „Was halten Sie vom Bausparen?"
- „Was erwarten Sie von einem guten Sparprodukt?"

Finanzierung

- „Was erwarten Sie sich von einer guten Finanzierung?"
- „Wie stellen Sie sich Ihre Wohnsituation in den nächsten Jahren vor?"

Girokonto

- „Was halten Sie von einem kostenlosen Girokonto?"
- „Welche Gebühren zahlen Sie für Ihr Girokonto?"

Empfehlung

- „Wer aus Ihrem Bekanntenkreis würde von so einer guten Beratung profitieren?"
- „Wen kennen Sie, der gerne Geld vom Staat geschenkt bekommen will?"

Sachgeschäft

- „Worauf legen Sie bei der Absicherung Ihres Eigenheims besonderen Wert?"
- „Wann ist der Wert Ihrer Wohnung zum letzten Mal überprüft worden?"

Abschlussfragen

- „Wollen wir das so machen?"
- „Wann wollen Sie mit dem Sparen beginnen?"

Das Training zahlte sich aus: Mit jeder Runde wurden die Fragen rascher und präziser gestellt.

Die folgenden Einstiegsfragen am Telefon sowie die Einwandbehandlung am Telefon und während des Verkaufsgesprächs wurden ebenfalls mit den Teilnehmern trainiert.

Beispiel Telefonakquise:

- **Ausgangssituation Neukunde:** „Ich grüße Sie, Herr Kunde. Mein Name ist Stefan F. von der VFP AG. Ich würde Sie gerne von den Vorteilen einer Kooperation mit uns überzeugen. Wann passt es Ihnen in der nächsten Woche?"

- **Ausgangssituation Bestandkunde:** „Ich grüße Sie, Herr Kunde. Mein Name ist Stefan F. von der VFP AG. Wir kennen uns ja schon eine Weile. Ich kann Ihnen ein paar sehr interessante Angebote zur Aktualisierung Ihrer Verträge anbieten, die Sie bei uns laufen haben. Wann passt es Ihnen in der nächsten Woche?"

Beispiel Einwandbehandlung:

- *„Ich habe keine Zeit!"*

  „Herr Kunde, auch meine Zeit ist knapp, deswegen rufe ich ja an, um einen Termin zu finden, der uns beiden passt. Welchen Termin schlagen Sie denn vor?"

- *„Ich bin von einem Mitbewerber gut versorgt!"*

  „Herr Kunde, dann wird Sie mein Besuch nur bestätigen. Ein Vergleich macht Sie sicher, dass Sie gut versorgt sind. Wann passt es Ihnen denn in der nächsten Woche?"

- *„Ich überlege es mir noch!"*

  „Herr Kunde, ich sehe, dass Sie noch nicht restlos überzeugt sind. Überlegen wir doch gemeinsam: Welche Fragen sind für Sie noch offen?"

- *„Ich will heute noch nicht unterschreiben!"*

  „Gut, dass Sie mich darauf hinweisen, Herr Kunde. Bei mir dürfen Sie gar nicht unterschreiben, bevor Sie nicht restlos überzeugt sind. Welche Punkte sind Ihnen noch unklar?"

6.2.2 Fragen der Führungskräfte an ihre Mitarbeiter

In der nächsten Runde beschäftigten wir uns mit den *Fragen* der *Führungskräfte* an die *Vermittler*. Folgende Übung hat sich in diesem Zusammenhang bewährt: Ein Verkaufsleiter bekommt Führungsfragen überreicht. Er stellt sich nun vor, alle anwesenden Teilnehmer wären seine Mitarbeiter. Seine Aufgabe ist es nun, von einem Teilnehmer zum anderen zu gehen, den Vornamen des Teilnehmers zu nennen, und ihm die auf den Zettel notierte Frage zu stellen. Nach der Frage ist eine Pause von circa vier Sekunden abzuwarten und der Augenkontakt zu halten. Die Gefragten sind angewiesen, nicht zu antworten.

Diese Übung ist immer wieder sehr spannend. Es wird spürbar, wie sich zwischen dem Frager und dem Befragten eine Spannung aufbaut, vor allem natürlich dann, wenn unangenehme Fragen gestellt werden. Oftmals platzen die Gefragten förmlich vor lauter „Rechtfertigungsdruck". Dabei ist ja die Auswahl der Fragen rein zufällig und keinesfalls auf eine bestimmte Person abgestimmt.

Beispiele:

- *„Was sind aus Ihrer Sicht die Vorteile des neuen Produkts?"*
- *„Was glauben Sie, für welche Kunden das neue Produkt optimal passt?"*
- *„Wer ist verantwortlich dafür, dass Ihre Kunden in Bezug auf ihre Rente keine Sorgen haben?"*
- *„Wo kaufen Ihre Kunden ihre Riester-Rente?"*
- *„Welche Vorteile haben Sie, wenn Ihre Kunden mehrere Sparten bei Ihnen kaufen?"*
- *„Mit welchen Worten leiten Sie auf eine andere Sparte über?"*
- *„Wie wichtig ist für Sie die Neukundengewinnung?"*

- „Wie würden Sie als Chef mit einem Mitarbeiter umgehen, der seine Potenziale nicht nutzt?"
- „Wann ist Ihnen aufgefallen, dass Sie in einem Formtief sind?"
- „Was haben Sie in Ihren erfolgreichen Zeiten anders gemacht?"
- „Wie viele Termine in der Woche benötigen Sie, um die vereinbarten Ziele zu erreichen?"
- „Wie viele Termine hatten Sie letzte Woche?"
- „Wie könnte ein effizientes Controlling aussehen?"
- „Welchen Vorteil haben Controlling-Maßnahmen für Ihre Entwicklung als Verkäufer?"
- „Wie viele Stunden in der Woche arbeiten Sie für dieses Unternehmen?"
- „Wie viele Verkaufstermine pro Woche planen Sie?"
- „Wie sollte ich Ihrer Meinung nach darauf reagieren, wenn zwischen uns getroffene Vereinbarungen nicht eingehalten werden?"
- „Was glauben Sie, wie lange ich mit jemandem arbeiten will, der getroffene Vereinbarungen nicht einhält?"
- „Woran erkennen Sie, dass der Kunde reif für den Abschluss ist?"
- „Wie leiten Sie den Abschluss ein?"
- „Welche Abschlussfrage verwenden Sie?"
- „Wissen Sie, wie viel Geld Sie im Jahr durch ‚Leerläufe' liegen lassen?"
- „Wie hilft Ihnen KIB bei der Erreichung Ihrer Ziele?"
- „Mit welchen Worten sprechen Sie die Empfehlung an?"
- „Was halten Sie von der Idee, Ihren Kundenbestand auszubauen?"
- „Was kann ich von Ihnen bis zum Jahresende noch erwarten?"
- „Was wollen Sie in diesem Jahr noch verdienen?"

- „Wie schätzen Sie Ihren Redeanteil in Ihren Verkaufsgesprächen ein?"
- „Wie erfahren Sie, was der Kunde will?"
- „Wie muss ein gemeinsamer Kundenbesuch verlaufen, damit Sie davon profitieren?"
- „Wann gehen wir das nächste Mal gemeinsam zum Kunden?"

Wer es in der Praxis bereits gewohnt ist, Fragen zu stellen, dem fällt dies natürlich auch im Seminar leichter. Insgesamt lief die Übung sehr gut.

6.2.3 Die Musterwochenplanung

Im nächsten Schritt geht es um die einzelnen Bausteine der Musterwochenplanung (siehe Abbildung 6). Das erklärte Ziel sind drei Termine pro Tag. Zeiten für die telefonische Terminvereinbarung sind fix eingeplant, ebenso Zeiten für die allgemeine Büroarbeit und die Konzeptarbeit, die vor allem darin besteht, Verkaufstermine vorzubereiten und die darin verwendeten KIB-Bögen auszuwerten. Eine Stunde in der Woche ist für das Zielgespräch mit der Führungskraft vorgesehen. Zwei Stunden sind für ein Team-Meeting angesetzt; dort sollen auch die Verkaufsgespräche eingeübt werden.

Die Teilnehmer sind nun aufgefordert, ihre Arbeit genau nach diesen Angaben zu verrichten. Dies würde bedeuten:

- drei Termine pro Tag realisieren,
- Standardsituationen schaffen,
- Cross-Selling betreiben,
- nach Empfehlungen fragen,
- die richtigen Fragen stellen,
- Pausen abwarten.

Im Anschluss wurden die von den Teilnehmern genannten Vorteile, die mit diesem Verhalten einhergehen, notiert.

Musterwochenplan

Zeit	Montag	Dienstag	Mittwoch	Donnerstag	Freitag	Samstag	Sonntag
08:00-09:00	Büro	Büro		Büro	Büro		
09:00-10:00		Konzept	Konzept	Kunden-termin 1	Kunden-termin 1	Freizeit	Freizeit
10:00-11:00	Konzept		Kunden-termin 1				
11:00-12:00		Kunden-termin 1	Büro	Kunden-termin 2	Kunden-termin 2		
12:00-13:00	Telefon-akquise						
13:00-14:00	Freizeit	Freizeit	Freizeit	Freizeit	Freizeit		
14:00-15:00	Kunden-termin 1	Telefon-akquise	Kunden-termin 2	Kunden-termin 3	Kunden-termin 3		
15:00-16:00		Kunden-termin 2					
16:00-17:00	Kunden-termin 2	Kunden-termin 3	Kunden-termin 3	Zielgespräch	Team-Meeting		
17:00-18:00				Telefon-akquise			
18:00-19:00	Kunden-termin 3	Freizeit	Freizeit	Büro	Freizeit		
19:00-20:00							
Stunden	**11**	**10**	**9**	**11**	**9**		

Was	Stunden
Kunden-termine	30
Telefon-akquise	4
Konzept	6
Büro	7
Team-Meeting	2
Zielgespräch	1
Gesamt	**50**

Abbildung 6: Musterwochenplan

Vorteile der Ordnung im Vertrieb

- Erfolg findet nicht mehr zufällig statt, sondern wird geplant.
- Feste Prozesse, rollendes Rad.
- Feste Ordnung verhindert ständige Diskussionen über Prozesse.
- Konkrete Hilfsansätze (Fragen, Einwände, Telefonleitfäden).
- Kein Aktionismus, sondern Standard und Struktur.
- Verdoppelung des Umsatzes.
- Fahrplan zum Erfolg, an den sich jeder halten kann.
- Immer gleiche Flughöhe, nicht nur Spitzen im Wettbewerb.
- Jeder kommt sicher zum Ziel.
- Man kann das eigene Leben ordnen.
- Klares Wissen, was von wem und bis wann zu erwarten ist.
- Man fragt nicht mehr, wie viel Geschäft kommt noch, sondern wie viele ordentliche Verkaufsgespräche noch geplant sind.
- Man kann gar nicht anders, als erfolgreich sein.
- Mehr Erfolg / Spaß / Zufriedenheit / Umsatz.
- Alle machen das Gleiche.
- Für jeden anwendbar.

Abbildung 7: Vorteile der Ordnung im Vertrieb

Die in Abbildung 7 gelisteten Antworten zeigen, dass die Vorteile der geordneten Arbeitsweise von der Gruppe klar erkannt und beschrieben werden. Besonders interessant ist die Aussage: „Immer gleiche Flughöhe, nicht nur Spitzen im Wettbewerb." Dies lässt sich grafisch gut veranschaulichen (siehe Abbildung 8). Die immer gleiche Flughöhe ist hier im Gegensatz zu den Höhen und Tiefen einer von Wettbewerben gesteuerten Vertriebsmannschaft zu sehen.

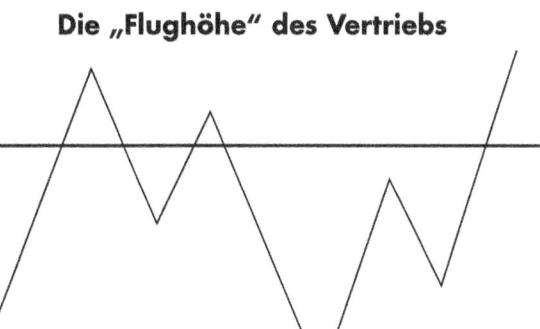

Abbildung 8: Die „Flughöhe" des Vertriebs

Es ist tatsächlich so, dass Wettbewerbe künstlich geschaffene „Hochs" in den Umsatzzahlen erzeugen, denen bald danach wieder ein Tief folgt. Wenn man den täglichen Arbeitsprozess klar und strukturiert organisiert, scheint das ganze Jahr über die Sonne. Wer das „Was" und das „Wie" verstanden hat und regelmäßig umsetzt, kann gar nicht anders, als Erfolg zu haben. Bei einer fixen Struktur von drei Verkaufsterminen pro Tag wird man nicht um den Erfolg herumkommen. Auch wenn man einmal nicht in bester Verfassung ist, wird man den ersten vereinbarten Termin des Tages nicht so schnell absagen, und bald erlebt man dann, wie leicht man über „Kampf" zum „Spiel" kommen kann. Das erste Erfolgserlebnis lässt die Stimmung wieder schlagartig bester werden. Zum guten Verkäufer wird man nicht geboren. Bestimmte Anlagen muss man mitbringen, den Hauptteil des Erfolgs macht aber das ständige Training aus. Langfristig wird der Verkaufserfolg also nicht von Wettbewerben produziert, sondern dadurch, dass der Verkäufer beim Kunden möglichst viele Standardsituationen schafft.

6.2.4 FÜHRUNGSGESPRÄCHE MIT MASS UND ZIEL

Das 15-Minuten-Zielgespräch war in diesem Unternehmen bereits als *Standardsituation* für das wöchentliche Entwicklungsgespräch zwischen Vermittler und Führungskraft eingeführt worden. Die einzelnen Bausteine sehen wie folgt aus:

Das 15-Minuten-Zielgespräch	
Was	**Minuten**
Smalltalk	1
Lob	1
Thema (W...) ▪ Vertiefung (W...W...W...) ▪ Motivfindung (W...W...) ▪ Verkauf: Ein Führungsgespräch ist immer ein Verkaufsgespräch	5
Handlung ▪ Was wird konkret getan / verändert? ▪ Übung der konkreten Situation	5
Vereinbarung ▪ Z.B. „Wie oft werden Sie diesen Satz in der nächsten Woche einsetzen?"	1
Controlling ▪ „Wie erfahre ich davon?"	1
Zusammenfassen/Protokoll ▪ „Was haben wir jetzt vereinbart?"	1

Wichtig ist auch das Thema Lob. So fragte ich einen anwesenden Vermittler, wann er denn von seinem Verkaufsleiter zum letzten Mal gelobt worden sei. Ebenso fragte ich die Verkaufsleiter, ob sie sich erinnerten, wann sie vom anwesenden Vertriebsdirektor zum letzten Mal gelobt worden waren. Diese Fragerei löste eine entspannte Stimmung in der Runde aus. Interessanterweise konnten sich die gefragten Personen sofort daran erinnern und genau beschreiben, in welcher Situation sie konkret gelobt worden waren.

Das Zielgespräch lebt von den richtigen Fragen und den Pausen nach den Fragen. Es ist dann gut gelungen, wenn dem Mitarbeiter verkauft wurde, dass ein Problem besteht, und wenn er selbst dafür Lösungen formulieren konnte. Eine konkrete Handlungsvereinbarung, die Zusammenfassung durch den Vermittler und das Protokoll runden das Gespräch ab.

Das 15-Minuten-Zielgespräch eignet sich perfekt für wöchentliche, konkrete und knackige Führungsgespräche. Selbstverständlich kann es auch auf alle anderen Führungsgespräche übertragen werden, die auch einmal länger dauern können. Jahresgespräche oder monatliche Checkgespräche dauern meistens länger als 15 Minuten. Die Systematik bleibt aber dieselbe. Es geht immer darum, die richtigen Fragen zu stellen und Pausen abzuwarten. Es geht auch immer darum, dem Gegenüber etwas zu verkaufen und die Lösung von ihm selbst entwickeln zu lassen. Die konkrete Handlungsvereinbarung, die Zusammenfassung und das Protokoll dürfen ebenfalls in keinem Gespräch fehlen.

Ich verteilte den Vertriebsdirektoren und Verkaufsleitern einen Vorbereitungsbogen, mit dessen Hilfe sie sich auf die folgenden Gespräche vorbereiten konnten. Um folgende Punkte ging es:

- Name des Mitarbeiters
- Aktueller Entwicklungsbedarf
- Was will ich erreichen?
- Welche W-Fragen werde ich stellen?

Die Teilnehmer füllten die Bögen aus. Manch ein Vermittler versuchte auf dem Vorbereitungsblatt seines Verkaufsleiters zu lesen, um welches Thema es wohl gehen würde. Die vier Verkaufsleiter entschieden sich für folgende Themen:

- Einsetzen des KIB-Bogens (zweimal)
- Terminfrequenz
- Ansprache der Riester-Rente

Im Anschluss daran fanden die Zielgespräche statt. Das Plenum wurde hierfür in drei Gruppen eingeteilt. Die erste Gruppe bestand aus einer Führungskraft und einem Vermittler, die mit mir das Gespräch auf Video aufzeichnen würden. Die anderen acht Personen wurden auf zwei Vierergruppen aufgeteilt. In diesen Kleingruppen führte jeweils ein Verkaufsleiter mit seinem Vermittler ein Zielgespräch durch, die anderen bekamen Beobachtungsaufgaben. Drei Gespräche konnten somit parallel stattfinden.

Das erste Videogespräch hatte den KIB-Bogen zum Inhalt. Der Smalltalk lief elegant, man spürte, dass sich die beiden Gesprächspartner sehr gut verstanden. Auch das Lob wirkte sehr authentisch und nachvollziehbar. Das Thema KIB wurde mit einer offenen Frage eröffnet. Die Führungskraft konnte aber der Versuchung nicht widerstehen, selbst Vorteile des KIB anzusprechen. Ich stoppte die Kamera und bat die Führungskraft, den Mitarbeiter danach zu fragen. Und dann zählte der Mitarbeiter selbst die Vorteile des KIB auf. Diese beiden Sequenzen waren von der Wirkung her nicht vergleichbar.

Nachdem der Mitarbeiter die Vorteile des KIB „gekauft" hatte, ging es um das „Wie" in der Ansprache beim Kunden. An der Stelle zeigte sich, dass der Mitarbeiter leider keinen Standardsatz parat hatte, sondern ein paar Worte ohne Überzeugungskraft aussprach. Auf diese Weise konnte der erwünschte Fall nicht eintreten, dass der Kunde den Vorteil des KIB-Bogens für sich selbst erkennt und die entsprechenden Fragen engagiert beantwortet.

Wir waren wieder beim großen Dilemma der Verkäufer, dem
„Wie", angelangt. Die Führungskraft verwendete den vorbereiteten
Fragebogen. Der Mitarbeiter suchte sich eine Frage aus, die dann
mehrmals im Rollenspiel geübt wurde. Der Rest des Gesprächs lief
dann glatt. Der Mitarbeiter sah sich mit der Führungskraft gemeinsam die Kunden der nächsten Woche im Terminplan an und legte
fest, bei welchen Kunden er den Bogen einsetzen wollte. So wurden
für die nächste Arbeitswoche zwölf Ansprachen in 15 Kundenterminen vereinbart. Das Controlling wurde fest gemacht, die Zusammenfassung übernahm der Mitarbeiter. Die Führungskraft machte
sich auf dem Protokollblatt Notizen, während der Mitarbeiter die
Zusammenfassung ausführte. Am Schluss wurde noch das Protokoll unterzeichnet.

Das Echtgespräch war zu Ende, die Vereinbarung getroffen. Das
Gespräch hatte knapp 15 Minuten gedauert. Im Feedback erwähnte
die Führungskraft, dass sie ohne die eine oder andere Unterstützung von außen das Ziel wahrscheinlich nicht so leicht erreicht
hätte. Außerdem wurde der eigene Redeanteil noch als zu hoch
empfunden. Der Mitarbeiter meinte, dass das Gespräch für ihn
in angenehmer Atmosphäre verlaufen sei, er aber immer das Gefühl hatte, dass er den guten Fragen nicht ausweichen könnte. Er
war mit der Einstiegsfrage, die er für den Einsatz des KIB-Bogens
beim Kunden gefunden hatte, sehr zufrieden und freute sich darauf, diese Frage in den nächsten Kundengesprächen einzusetzen.

Wir waren wieder alle im Seminarraum versammelt. Zuerst holten wir das Feedback der Beobachter aus den Gruppen ab, die die
Gespräche draußen in den Gruppenräumen geführt hatten. Dann
sahen wir uns gemeinsam das Video an. Nach einer Pause führten wir denselben Ablauf noch zweimal durch, sodass am Schluss
jeder Vermittler ein Echtgespräch mit seiner Führungskraft und
jeder Verkaufsleiter ein Echtgespräch mit seinem Vertriebsdirektor
absolviert hatte. Viele konkrete Vereinbarungen wurden getroffen
und schriftlich festgehalten. Einer Umsetzung stand nichts mehr
im Wege.

Nach den zusammenfassenden Ergebnissen und Erkenntnissen des Trainings befragt, lieferten die Teilnehmer die in Abbildung 9 aufgelisteten Antworten.

Was waren die Schlagworte des Seminars?

- Die Ordnung ist die Grundlage des Erfolgs.
- Die *richtigen* Fragen stellen und die Pausen danach abwarten.
- Verkaufen und Führen ist erlernbar.
- Das „Was" und das „Wie" vereinbaren.
- Den eigenen Redeanteil reduzieren.
- Standardsituationen schaffen Sicherheit.
- Eine klare Vorbereitung erleichtert das Zielgespräch.
- Das Führungsgespräch ist ein Verkaufsgespräch.
- Das Zielgespräch zu einem Thema ist in 15 Minuten möglich.
- Das Lob ist ein zentrales Element im Zielgespräch.
- Die *richtigen* Texte verfügbar machen.
- Abmachen und *wirklich* einfordern.

Abbildung 9: Kernaussagen zum Thema Verkauf

Weitere Vertiefungsseminare sind noch im Gange. Es gibt bereits Auswertungen von Ergebnissen, die einen äußerst erfreulichen Trend anzeigen. In den Vertriebseinheiten gibt es noch riesige Potenziale, die mithilfe der Ordnung genutzt werden können.

Vor einigen Tagen hatte ich ein Treffen mit Herrn B. Wir saßen wieder in dem gemütlichen Hotel am Rhein. Er hatte einen Auszug mit den außergewöhnlich guten Umsätzen einer Vertriebseinheit mitge-

bracht. Er war besonders erfreut darüber, dass gerade diese Vertriebseinheit, die der Ordnung anfangs skeptisch gegenüberstand, nun damit so große Erfolge einfahren konnte. Wir wussten, dass wir noch am Anfang standen, wir wussten aber auch, in welche Richtung der Weg gehen sollte.

7. Kapitel

DIE KRAFT DER ORDNUNG IN KONKRETEN COACHING-PROZESSEN

7.1. Die Ausgangssituation

Die konkrete Umsetzung von Führungsseminaren auf die Ebene der Verkäufer ist ein Thema, das mich schon seit Jahren bewegt. Oft waren die Teilnehmer des Seminars „Das-15-Minuten-Zielgespräch" am Ende des Seminars voll und ganz davon überzeugt, dass ihnen damit ein Werkzeug an die Hand gegeben worden ist, mit dem sie Führungsgespräche knackiger und erfolgreicher gestalten können. Wir haben die Führungskräfte in diesen Seminaren auf ganz konkrete Gesprächssituationen mit ihren Mitarbeitern vorbereitet, wir haben die richtigen Fragen für diese Führungssituationen geübt und den Ablauf der Gespräche im Rollenspiel trainiert. Nach den Seminaren gab es immer zahlreiche Emails von Teilnehmern, die von den ersten Erfahrungen bei der Durchführung der Gespräche mit ihren Mitarbeiten berichteten. Meist waren die Erfahrungen sehr positiv. Wenn ich die Teilnehmer in einem späteren Follow-up-Seminar wieder gesehen habe, dann musste ich oft feststellen, dass sich mancherorts der Alltag in die Führungsgespräche wieder eingeschlichen hatte. Man war dann eben nicht mehr ganz so konsequent im Stellen der richtigen Fragen, wie man sich das vorgenommen hatte. Man gab den Mitarbeitern wieder mehr und mehr die Gelegenheit, den Kernthemen auszuweichen, und diese Gelegenheit ließen sich die Mitarbeiter natürlich auch nicht entgehen.

Die Schwachstelle aller Führungsseminare ist eben, dass man den Prozess der Umsetzung beim Mitarbeiter nicht direkt beeinflussen kann. So habe ich nach und nach damit begonnen, anstatt den Seminaren Coaching-Prozesse anzubieten, in denen ich direkt mit den betroffenen Paaren (Chef-Mitarbeiter) arbeiten kann. In der Regel werden mehrere Mitarbeiter von einer Führungskraft im Vertrieb geführt, sodass dann eben mehrere Gespräche hintereinander anstehen. Die Erfahrung zeigt, dass man diese Gesprächsrunden im Abstand von ca. vier Wochen mehrmals durchführen muss, um deutliche und auch in Zahlen messbare Entwicklungen zu erreichen. Ich werde im Kapitel 7.4 einen solchen praktischen Coaching-Prozess ausführlich beschreiben.

Vorher müssen wir aber der Frage nachgehen, was das Ziel eines Coaching-Prozesses sein soll, oder – anders gefragt – wohin die Reise gehen soll.

Schlagworte dafür sind schnell gefunden. Die Führungsprozesse sollen konkreter werden, die Termine der Verkäufer sollen sich an die Vorgaben im Unternehmen anpassen, die Verkaufsgespräche sollen vollständig sein. Die Umsätze mögen sich verbessern, ebenso die Einstellung der Mitarbeiter zu ihrem Unternehmen. Wie genau kann das alles erreicht werden?

7.2 Voraussetzungen für einen gelungenen Coaching-Prozess

7.2.1 Ordnung im Unternehmen

Am Beginn des Coaching-Prozesses muss die Ordnung der Vertriebsprozesse des Unternehmens festgelegt sein. Nur diese Ordnung kann die Basis für eine planmäßige Entwicklung sein. Das Haus muss auf Fels und nicht auf Sand gebaut sein, wenn es den Stürmen und den Wassern einer turbulenten Zeit trotzen soll. Wir haben weiter vorne die Ordnung in der VFP-AG beschrieben. Diese oder ähnliche Auflistungen von Unternehmensregeln sind geeignet, als Basis eines fruchtbaren Coaching-Prozesses zu dienen.

Wenn der Coaching-Prozess in einem vertriebsorientierten Unternehmen stattfinden soll, dann sind vorab jedenfalls folgende Fragen zu klären:

- Was sind die aktuellen Schwerpunkte des Unternehmens?
- Was passiert im Verkaufsprozess des Unternehmens?
- Wie viele Verkaufstermine am Arbeitstag sollen stattfinden?
- Wie findet die Terminierung statt?
- Was ist der Inhalt der Verkaufsgespräche?
- Welche Fragen werden im Verkaufsgespräch gestellt?
- Wie begleiten die Führungskräfte den Verkaufserfolg?
- Welche Schwachstellen bei der Umsetzung der Ordnung im Vertrieb treten häufig auf?

Diese und ähnliche Fragen können meiner Erfahrung nach in den Erstgesprächen fast nie vollständig geklärt werden. Oft muss erst noch unternehmensintern nachjustiert werden, damit Klarheit über die konkrete Vorstellung von einem Verkaufsprozess besteht. Fast immer entstehen in dieser Klärungsphase auch noch hilfreiche Unterlagen zur Umsetzung im Verkaufsgespräch, die ich dann in meinen Coaching-Gesprächen einsetzen kann. Erst wenn sich aus diesen Klärungsprozessen eine Ordnung für die Abwicklung der Vertriebsprozesse abzeichnet, kann der Coaching-Prozess beginnen.

7.2.2 WELTBILD KLÄREN

Die Ordnung der Prozesse ist die eine wichtige Basis, auf der erfolgreiche Coaching-Prozesse stattfinden können. Eine andere wichtige Basis ist das Weltbild, genauer gesagt das Menschenbild, vor dessen Hintergrund ein solcher Prozess stattfinden soll. Gerade im Vertrieb klagen die Mitarbeiter oft darüber, dass sie sich „ausgebeutet" fühlen. Wenn einmal ein gutes Vertriebsjahr gelungen ist, dann bekommt man im nächsten Jahr sofort die Rechnung in Form einer deutlichen Ausweitung des Umsatzziels präsentiert. Oft höre ich auch, dass alles nicht mehr so „wie früher" sei, denn heutzutage gelten anscheinend nur noch Umsatz und Gewinn, der Mensch sei nur noch am Rande wichtig.

Es stimmt natürlich, dass die Gewinnorientierung in den Unternehmen ein äußerst wichtiges Kennzeichen ist. Gerade deswegen ist es notwendig, Vertriebsprozesse zu ordnen. Verkäufer können einen deutlichen Mehrumsatz erwirtschaften, wenn sie für sich selbst eine Ordnung in den Abläufen einführen und sich daran halten. Dann sind Umsatzsteigerungen häufig sogar mit weniger Zeitaufwand als bisher möglich.

Der Mensch muss im Mittelpunkt stehen, sonst wird ein langfristiges gesundes Wachstum eines Unternehmens nicht möglich sein. Der Mensch muss sich im Unternehmen wertgeschätzt fühlen, das Unternehmen muss aber auch verbindlich damit rechnen können, dass ein Mitarbeiter umsetzt, was er mit seiner Führungskraft vereinbart hat. Dabei sollten die konkreten Tätigkeiten im Mittelpunkt stehen, und nicht so sehr die Zahlen. Kein Mensch kann zusagen, in der nächsten Arbeitswoche fünf Kundenempfehlungen zu bringen. Er kann aber zusagen, in allen Verkaufsgesprächen der nächsten Woche die Frage nach der Empfehlung zu stellen. Und dieses Umsetzen darf die Führungskraft nicht nur mit aller Konsequenz einfordern, sie muss es sogar tun. Das Schöne am Vertrieb ist ja, dass derjenige, der über lange Zeit hin das Richtige tut, gar nicht unerfolgreich sein kann. Für die Führungskraft heißt das, sicher zu stellen, dass genug „ordentliche" Verkaufsgespräche am Tag stattfinden, der Verkaufserfolg stellt sich dann von alleine ein.

Wer mich als Coach einkauft, der weiß natürlich auch, dass ich mich in meinem konkreten Verhalten als Coach sehr stark an der Benediktsregel orientiere. Mit der Benediktsregel zu arbeiten, heißt, ein Weltbild im Unternehmen zu installieren, das alle Beteiligte zu Siegern macht. Die Mitarbeiter finden eine klare Orientierung für ihr Handeln, die sie stetig und sicher zu vorzeigbaren Umsätzen führt. Das Unternehmen erzielt die nötigen Gewinne, ohne dass die

Menschen das Gefühl haben, ausgebeutet zu werden. Man schafft eine Kultur, in der sich jeder auskennt und seinen Platz findet. Die nötige „Strenge" bei der Einforderung von Vereinbarungen bleibt unbenommen, an oberster Stelle muss aber die „Liebe" stehen.

7.2.3 HANDLUNGSANLEITUNGEN ÜBERPRÜFEN

Das „WAS" ist den Menschen im Vertrieb leicht „verkaufbar". Jeder Vertriebspartner ist rasch zu überzeugen, dass eine ausreichende Anzahl von Verkaufsgesprächen pro Arbeitstag eine absolut notwendige Grundlage für den Verkaufserfolg ist. Dass die Verkaufsgespräche eine bestimmte Struktur haben müssen, damit möglichst viele Dinge mit dem Kunden geklärt werden können, ist auch meist unbestritten. Der Einsatz des Kundenbogens in jedem Gespräch und die Frage nach der Empfehlung sind am ehesten die Punkte, über deren Sinnhaftigkeit die Vertriebspartner mit ihrem Chef und dem Coach diskutieren wollen. Hier geht es aber weniger um die Sinnhaftigkeit dieser Aktivitäten, sondern mehr darum, dass gerade diese beiden Punkte ein höheres Maß an Überwindung im Kundengespräch fordern und deswegen bei vielen Verkäufern unbeliebt sind. Die Wichtigkeit des Einsatzes des KIB-Bogens kann schnell mit ein paar Fragen vermittelt werden. Ich habe in meinen Aufzeichnungen der Coaching-Prozesse folgende interessante Stelle gefunden.

VP: *„Den KIB-Bogen setze ich im Kundengespräch kaum ein. Ich habe meine eigenen Aufzeichnungen auf einem weißen Blatt ..."*

Coach: *„Was passiert dann mit diesen Aufzeichnungen nach dem Kundengespräch?"*

VP: *„Ich rechne für den Kunden aufgrund meiner Aufzeichnungen ein Angebot, das ich ihm dann beim nächsten Mal präsentiere."*

Coach: *„Nehmen wir einmal an, Sie würden den Kundeninformationsbogen einsetzen. Welchen Vorteil hätten Sie dann?"*

VP: *„Ich hätte einen Umschlag, in den ich den weißen Zettel hineingeben kann."*

Coach: *„Welchen Vorteil hätten Sie noch?"*

VP: *„Na ja ... ich würde keine Fragen beim Kunden vergessen, weil der Bogen eine Struktur vorgibt."*

Coach: *„Welchen Vorteil hätten Sie noch?"*

VP: *„Sie wollen es wohl ganz genau wissen ... ich hätte alle Informationen über den Kunden für zukünftige Besuche in einer Mappe."*

Coach: *„Welchen Vorteil hätten Sie noch?"*

VP: *„Der Kunde sieht eine professionelle Unterlage unseres Unternehmens und das Logo."*

Coach: *„Sehr gut. Wollen wir uns nun überlegen, wie Sie diesen Bogen beim Kunden elegant einsetzen können?"*

Die Szene zeigt, dass der Mitarbeiter sich schon vorher ausführlich mit den Vorteilen des KIB-Bogens beschäftigt hat. Er wehrt sich aber trotzdem, den Bogen einzusetzen, weil er an der Stelle im Kundengespräch anscheinend häufig an seine rote Linie stößt. Diese rote Linie kann eben nur mit der richtigen Technik überschritten werden. Es geht also darum, mit dem Mitarbeiter eine Formulierung zu finden, mit welcher er sich zutraut, den KIB-Bogen beim Kunden stressfrei auf den Tisch zu bringen. Im oben angeführten Fall haben wir dann eine Formulierung gefunden und so lange geübt, bis der Mitarbeiter das Gefühl hatte, dass diese Formulierung genau zu seiner Person und zu seinen Kundengesprächen passt:

„Herr Kunde, wir haben am Telefon vereinbart, heute über das Thema X zu reden ... Ich habe da vorher ein paar Fragen an Sie ..."

Das WIE ist nach wie vor das Stiefkind in der Ausbildung im Vertrieb. Fachwissen wird immer noch als über alle Maßen wichtig erachtet und nimmt auch einen entsprechend breiten Raum in der

Ausbildung ein. Die Verkaufstechnik bis hin zu den ganz konkreten Fragen für das Verkaufsgespräch wird immer noch nicht ausreichend trainiert. Die Mönche müssen sich um das WIE keine Sorgen machen. Es ist festgelegt, seit vielen Jahrhunderten. Ausgewählte Texte aus der Bibel werden Jahr für Jahr im selben Ablauf gemeinsam gebetet. Das Zusammenspiel von Vorbeten und gemeinsamem Gebet hat dabei ebenfalls eine feste Struktur. Und wenn wir noch ein paar Jahrhunderte zurückblicken und uns die Kommunikation der Jünger mit Jesus in der Bibel ansehen, dann finden wir auch da interessante Hinweise auf klare Handlungsanleitungen. Die Jünger hatten Jesus im Gebet erlebt. Sie waren beeindruckt zu sehen, wie sich der Meister in das Gebet vertiefen konnte, und wie verzaubert er nach diesen Gebeten wirkte. Die Sehnsucht nach dem WAS wurde damit bei den Jüngern erweckt. Sie wollten auch beten. Das WIE war aber noch nicht klar. Und so fragten sie Jesus:

„Meister, wie sollen wir beten?"

Und Jesus lehrte sie, das Vater Unser zu beten.

Für Coaching-Prozesse heißt das, dass erst die Hausaufgaben in Form von konkreten Handlungsanleitungen gemacht werden müssen, bevor ein solcher Prozess beginnen kann. Das WAS kann man den Mitarbeitern leicht verkaufen. Die Umsetzung kann aber nur erfolgen, wenn das WIE mitgeliefert und trainiert wird.

7.3 Der Ablauf des Coaching-Prozesses

7.3.1 Der Auftrag

Am Beginn des Coaching-Prozesses stehen ausführliche Gespräche zur Klärung der konkreten Ziele, Erwartungen und Rahmenbedingungen. Dabei ist es sinnvoll, schon in einer frühen Phase mehrere Personen aus unterschiedlichen Führungsebenen des Unternehmens einzubinden, um ein möglichst klares Bild über den Ist-Zustand der Aktivitäten im Vertrieb zu erlangen. Die weiter oben beschriebenen Voraussetzungen für einen erfolgreichen Coaching-Prozess müssen zutreffen bzw. zumindest als klärungsbedürftig anerkannt sein, damit ein sinnvoller Coaching-Prozess beginnen kann. Sobald man sich über den Rahmen des Prozesses geeinigt hat, gilt es, ein Auftaktmeeting zu planen.

7.3.2 DER AUFTAKT

Am Auftaktmeeting sollten Mitarbeiter des Unternehmens teilnehmen, die die unterschiedlichen Führungsebenen im Vertrieb verkörpern. Außerdem muss noch der Bereich Ausbildung vertreten sein, damit das „WIE" im Verkaufsprozess und die dazu entwickelten Unternehmensunterlagen verfügbar sind. Folgende Punkte müssen gemeinsam abgearbeitet werden:

- Die Ordnung im Verkaufsprozess festlegen und festschreiben
- Diagnose von Mängeln, die bei der Umsetzung des Verkaufsprozesses in die Praxis auftreten
- Das „WAS" und das „WIE"
- Definieren von Entwicklungsschritten
- Einsatz von Unterlagen in den Coaching-Prozessen
- Auswahl der Teilnehmer
- Organisation der Coaching-Gespräche
- Weiterverarbeitung der gewonnenen Erfahrungen

7.3.3 DIE ERSTE GESPRÄCHSRUNDE

Eine Gesprächsrunde besteht immer aus drei Personen: dem Verkäufer, seiner Führungskraft und dem Coach. Die meisten Fragen im Erstgespräch stellt der Coach, die Kompetenz dafür soll aber in den weiteren Gesprächen immer mehr zur Führungskraft hin übergehen. Die Führungskraft führt das Gesprächsprotokoll. Ein Gespräch dauert 45 Minuten.

Das Ziel der ersten Gesprächsrunde ist es, die Teilnehmer ins Boot zu holen. Die Erfahrung zeigt, dass die Information über den Sinn und den Inhalt des Coaching-Prozesses in vielen Fällen nicht so klar weitergegeben worden ist, wie im Auftaktmeeting festgelegt. Also ist dafür im Erstgespräch Zeit einzuplanen.

Danach händige ich den Teilnehmern die „Ordnung" des Unternehmens aus und bitte darum, ein paar Punkte aus dieser Ordnung vorzulesen. Meist sind es zentrale Punkte, die die Anzahl der Verkaufsgespräche pro Tag, die Art der Terminvereinbarung und den detaillierten Ablauf der Verkaufsgespräche regeln. Wenn ein Punkt aus der Ordnung vorgelesen wurde, stelle ich dann immer die Frage. „Was halten Sie davon?" und erkenne, dass die Ordnung als das grundsätzliche WAS kaum infrage gestellt wird.

Meist liegen Unterlagen vor, die sich mit dem WIE beschäftigen. Das sind dann definierte W-Fragen für den Verkaufsprozess, aber auch Anleitungen für die Terminvereinbarung. Bevor diese Unterlagen verteilt werden, prüfe ich ein paar Punkte ab und stelle fast immer fest, dass in der Automatisierung der richtigen W-Fragen noch großer Handlungsbedarf besteht.

Danach überlegen wir uns gemeinsam, was denn der wichtigste Entwicklungsschritt des betreffenden Verkäufers ist. Wir planen und üben dazu gemeinsam eine konkrete Handlungsmöglichkeit, die auch als Vereinbarung bis zum nächsten Gesprächstermin festgehalten wird. Am Schluss erhalten die Teilnehmer die Unterlage „Die erfolgreiche Arbeitswoche" mit der Bitte, die Kundentermine und die Aktivitäten bei diesen Kunden in den nächsten vier Wochen bis zum Folgetermin festzuhalten.

Ausgewählte W-Fragen des Coaches in der ersten Gesprächsrunde:

- Was wissen Sie über dieses Coaching-Projekt?

- Was halten Sie von Ordnung?
- Was halten Sie von der Ordnung Ihres Unternehmens für den Vertrieb?
- Welche konkreten Vorteile bringen Ihnen geordnete Abläufe in Ihrem Beruf?
- Wo sehen Sie bzgl. dieser Ordnung Ihren größten Entwicklungsbedarf?
- Welchen Entwicklungsschritt wollen Sie als ersten angehen?
- Welche Voraussetzungen sind dafür nötig?
- Was können wir nun vereinbaren?

7.3.4 Die zweite Gesprächsrunde

Das erste Gespräch war trotz aller Zustimmung, praktischer Übungen und getroffenen Vereinbarungen nur theoretischer Natur. Doch im zweiten Gespräch kommt nun die praktische Wahrheit auf den Tisch: vier Wochen voller Verkaufsgespräche liegen nun hinter dem Mitarbeiter. Ich bitte zu Beginn, mir die vier Wochenarbeitsblätter auszuhändigen. Ich lege die vier Blätter nebeneinander vor mich auf den Tisch und lasse mir ein wenig Zeit, mich mit den Inhalten zu beschäftigen. Da steht sie nun also, die ganze Wahrheit: Die Anzahl der Kundentermine, die Summe der Einsätze des Kundenbefragungsbogens, die Zahl der Abschlüsse und die Anzahl der Empfehlungsfragen sowie die daraus resultierende Bekanntgabe von Interessenten durch den Kunden. Für den Mitarbeiter und seine Führungskraft ist alleine das Vorliegen dieser ausgefüllten Wochenarbeitsblätter immer ein großer Erkenntnisprozess, weil die Arbeitsweise des Mitarbeiters – das Gute und das weniger Gute – schonungslos auf dem Tisch liegt. Das heißt, dass alleine das Ausfüllen dieser Unterlage den Mitarbeiter schon weiter gebracht hat, weil er den Spiegel seiner Handlungen vor sich sieht und das daraus resultierende Ergebnis als Ergebnis seines Handelns erkennen kann. Wer nur sieben

Termine in der Woche macht statt 15, der kann eben nicht erfolgreich sein. Und wer nur in jedem dritten Verkaufsgespräch nach der Empfehlung fragt, der darf sich nicht wundern, wenn es ihm nicht gelingt, seinen Kundenbestand auszubauen. Die Anzahl der Abweichungen von den Vereinbarungen in diesen Wochenberichten zeigt, dass diese zumindest ehrlich ausgefüllt werden.

Im nächsten Schritt gibt es konkrete Nachfragen des Coaches und der Führungskraft zu einzelnen Kundengesprächen. Wir beginnen mit der vierten Arbeitswoche, weil sich der Verkäufer wohl an die Termine der letzten Woche am besten erinnern kann, und stellen konkrete Fragen zu mehreren Kunden, die auf der Liste angeführt sind. Dabei geht es um das Zustandekommen des Termins, den Anlass des Gespräches, die Kundensituation, die Fragen, die gestellt oder auch nicht gestellt worden sind. Der Mitarbeiter erhält so ein noch konkreteres Bild über seine Stärken und Entwicklungsfelder im Verkaufsprozess.

Im nächsten Schritt wird die vordringlichste Aktivität für die nächsten vier Wochen bestimmt, in einzelne Handlungsschritte zerlegt und die Durchführung geübt. Oft wird die Führungskraft für ein Spezialtraining mit dem Mitarbeiter zu einem bestimmten Schwerpunkt oder für ein paar gemeinsame Kundenbesuche mit dem Mitarbeiter verpflichtet. Das Gespräch endet wieder mit der Unterschrift der Führungskraft und des Mitarbeiters unter das Gesprächsprotokoll.

**Ausgewählte W-Fragen des Coaches
in der zweiten Gesprächsrunde:**

- Was haben wir beim letzten Mal vereinbart?
- Wie ist es Ihnen bei der Umsetzung der Vereinbarungen gegangen?
- Was, glauben Sie, löst die Betrachtung Ihrer Wochenarbeitsblätter bei mir aus?
- Was sind Ihre nächsten Entwicklungsschritte?

- Welche Voraussetzungen müssen dafür geschaffen werden?
- Was können wir nun vereinbaren?

7.3.5 Die dritte Gesprächsrunde

Die Erfahrung der vielen Coaching-Gespräche in den letzten zwei Jahren hat gezeigt, dass man tatsächlich drei Gesprächsrunden braucht, um einen langfristigen Veränderungsprozess zu erreichen. Die erste Gesprächsrunde ist von der Gewinnung der Mitarbeiter für das Projekt gekennzeichnet und vom Abtasten des Mitarbeiters hinsichtlich seiner verkäuferischen Fähigkeiten durch den Coach. Eine erste Entwicklungsmaßnahme wird wohl schon im ersten Gespräch bestimmt und geübt, aber eben auf dem Trainingsplatz.

Die zweite Gesprächsrunde hat dann schon die Aufzeichnungen über die konkreten Aktivitäten des Mitarbeiters während der letzten vier Vertriebswochen zur Basis. Es kommt aber auch vor, dass der Mitarbeiter seine Aufzeichnungen nicht dabei hat bzw. aus irgendwelchen Gründen nicht geführt hat, weil er z.B. den Auftrag falsch verstanden hat. Spätestens bei der dritten Gesprächsrunde habe ich dann aber immer alle Unterlagen bekommen. Die Hürde, den Coach das dritte Mal zu sehen, ohne dass die vereinbarten Unterlagen mitgebracht werden, ist wohl doch zu hoch, vor allem wenn man weiß, welche unangenehmen Fragen einen dann erwarten würden. Es bleibt natürlich auch die Möglichkeit, gar nicht zu kommen, was aber sehr selten vorkam.

Die dritte Gesprächsrunde ist überwiegend ein Forum, sich gemeinsam über Erfolge zu freuen und festzulegen, was denn nun geschehen muss, damit es so gut weiter geht. In der dritten Gesprächsrunde hat man es überwiegend mit Verkäufern zu tun, die gelernt haben, sich selbst zu beobachten, und erkannt haben, dass ihnen eine Ordnung der Prozesse den Job nicht nur erleichtert, sondern auch den Erfolg garantiert. Nicht selten wird in dieser dritten

Gesprächsrunde auch darüber berichtet, wie eine Ordnung zumindest teilweise in die privaten Lebensumstände der betroffenen Personen Einzug halten konnte.

**Ausgewählte W-Fragen des Coaches
in der dritten Gesprächsrunde:**

- Was haben wir beim letzten Mal vereinbart?
- Wie ist es Ihnen bei der Umsetzung der Vereinbarungen gegangen?
- Was, glauben Sie, löst die Betrachtung Ihrer Wochenarbeitsblätter bei mir aus?
- Was sind Ihre nächsten Entwicklungsschritte?
- Welche Voraussetzungen müssen dafür geschaffen werden?
- Was können wir nun vereinbaren?
- Was hat Ihnen der Coaching-Prozess gebracht?
- Was muss passieren, damit Sie weiterhin so erfolgreich arbeiten?
- Wie haben Sie diese Ordnung auch in Ihr privates Leben einfließen lassen?

7.3.6 DAS REVIEW

Nach einer Pilotphase mit drei Coaching-Runden in einem ausgewählten Bereich des Unternehmens sollte inne gehalten werden in Form eines Reviews. Es bietet sich an, wieder jene Menschen zu versammeln, die an der Auftaktveranstaltung teilgenommen haben. Vielleicht kann man noch den einen oder anderen erfolgreichen Teilnehmer des Coaching-Prozesses einladen.

Ziel eines solchen Meetings ist es, die unterschiedlichen Erfahrungen der einzelnen Vertriebsbereiche zugänglich zu machen und von diesen Erfahrungen für die tägliche Führungsarbeit, aber auch für eine eventuelle Fortsetzung des Projektes mit anderen Vertriebsbereichen, zu profitieren.

Weiterhin sollten die mögliche Adaptierung der verwendeten Unterlagen zur Diskussion stehen und natürlich die Auswirkungen der Erfahrungen des Projektes auf die Weiterentwicklung der Vertriebsprozesse des Unternehmens.

7.4 Praktische Erfahrungen aus Coaching-Prozessen

Ich hatte schon erwähnt, dass der Schwerpunkt meiner Tätigkeit Vorträge und Coaching-Tage sind. Die Seminare sind als Grundlage von Entwicklungsprozessen hin und wieder notwendig, werden aber deutlich weniger. In den Jahren 2010 und 2011 konnte ich etwa hundert Coaching-Tage durchführen. Meist finden acht Gespräche am Tag statt, sodass ich Ihnen, liebe Leserinnen und Leser, von der Erfahrung aus mehreren hunderten Coaching-Gesprächen berichten kann. Zwei Drittel der Coaching-Gespräche habe ich im Segment Finanzdienstleistung und Versicherung abgewickelt, das dritte Drittel war über mehrere Branchen verteilt.

7.4.1 Der Auftrag

Aufträge für Coaching-Aktivitäten ergeben sich oft bei meinen langjährigen Kunden als logische Fortführung und Krönung der bis dahin durchgeführten Seminaraktivitäten. Es kommt aber auch vor, dass mir bis dahin unbekannte Führungskräfte aus diversen Unternehmen eine Zusammenarbeit anbieten, weil sie durch das Studium meiner Bücher auf mich aufmerksam geworden sind.

Die Erfahrung zeigt, dass Kunden, die mich zu einem Gespräch über eine mögliche Kooperation zum Thema Coaching einladen, sich schon im Vorfeld ziemlich klare Gedanken darüber gemacht haben, was sie genau von mir wollen und welches Weltbild sie sich einkaufen, wenn sie Karl Herndl mit ihren Leuten arbeiten lassen. Mein jüngstes Buch, das Sie, liebe Leserinnen und Leser, gerade in den Händen halten, bezieht hier eindeutig Stellung. Es hatte einen Entstehungsprozess, der mit meiner persönlichen Entwicklung eng einher ging, und vermittelt dadurch natürlich auch eine sehr persönliche Botschaft. Ich hatte in den letzten Jahren meiner Seminartätigkeit empfunden, dass viele Menschen auf der Suche nach Orientierung sind, und dass plötzlich altbewährte Ordnungsmuster wie die Bibel und die daraus abgeleitete Benediktsregel wieder großen Zuspruch finden. Man redet darüber zwar noch leise, wenn auch immer deutlicher vernehmbar.

Die Benediktsregel auf den Vertrieb zu übertragen und das Ergebnis zu publizieren, war für mich nach meinem ersten Klosteraufenthalt im Jahr 2008 ein Auftrag, den ich tief in mir gespürt habe. Also fing ich einfach an zu schreiben. Mich faszinierte das, was da entstand, ich war mir aber sehr unschlüssig darüber, wie der Markt darauf reagieren würde. Als nach Erscheinen des Buches sich der Abt eines österreichischen Benediktinerklosters bei mir für dieses „Zeugnis, das ich abgelegt habe" bedankte, wurde mir klar, dass es nun kein Zurück mehr gab. Dass wir die erste Auflage dieses Buches innerhalb eines Jahres verkauft haben, erfüllt mich mit großer Dankbarkeit.

Die Auftraggeber wissen also, was sie sich von mir erwarten und haben meist auch eine konkrete Vorstellung von der Hilfe, die ich leisten soll. Schon vor dem ersten Gespräch mit mir ist über eine Ordnung im Unternehmen nachgedacht worden, auch zum WAS und dem WIE liegen zumeist schon konkrete Unterlagen vor. Bald wird dann eine Auftaktveranstaltung geplant, in der weitere Führungskräfte ins Boot geholt und konkrete Ablaufpläne des Prozesses festgelegt werden sollen.

7.4.2 Der Auftakt

Die Auftaktveranstaltungen waren immer von einer großen emotionalen Dichte getragen. Die Hoffnung der Menschen war spürbar, mit Beliebigkeit und Zufälligkeit endlich Schluss zu machen und eine Ordnung einzuführen, die es den Menschen erleichtern würde, im Job, aber auch im Privatleben, erfolgreich zu sein.

Ich versuche im Vorfeld, die Gruppengröße auf zwölf Personen zu beschränken, damit ein konstruktiver Diskussionsprozess im Plenum sicher gestellt ist. Alle Teilnehmer bisheriger Auftaktveranstaltungen hatten die erste Ausgabe dieses Buches im Vorfeld gelesen, sodass bzgl. der Erwartungen der Teilnehmer mit keinen zu großen Überraschungen zu rechnen war und wir zügig mit der Arbeit beginnen konnten. „Was verbinden Sie mit Ordnung?", war immer eine der ersten Fragen an die Teilnehmer. Die Antworten gingen alle in die Richtung, dass Ordnung „die Grundlage des Erfolges sei", „Planungssicherheit schaffe", „das Leben erleichtere", das „Gegenteil von Aktionismus" sei. In allen Auftaktveranstaltungen gab es auch eine Gruppenarbeit, in der die Teilnehmer die Eckpunkte einer Ordnung des Vertriebes ihres Unternehmens festlegen sollten. Später wollten wir dann die Stichworte ausformulieren. Die Teilnehmer nahmen das vorliegende Buch mit in die Gruppenarbeiten und hielten sich meist genau an die Ordnung der VFP-AG, die im fünften Kapitel angeführt ist. Ein oder zwei Punkte wurden weggestrichen, andere Punkte wurden dafür ergänzt.

Danach ging es um das „WIE" im Verkaufsgespräch. Unterlagen der Ausbildungsabteilung wurden herangezogen, diskutiert und da und dort verändert. Der Vertreter der Ausbildung in der Gruppe übernahm es auch, die Ordnung und die WIE-Unterlagen soweit zu bearbeiten, dass sie dann in den Coaching-Prozessen eingesetzt werden konnten. Weiterhin wurde dann noch die Unterlage „Die erfolgreiche Arbeitswoche" von mir vorgestellt und auf die Bedürfnisse des Unternehmens im Detail angepasst.

Dann ging es um die Strukturen und die Organisation der Coaching-Termine. Finanzvertriebe sind meist so organisiert, dass ein überregionaler Gebietsdirektor (GD) mehrere regionale Vertriebsdirektoren (VD) führt. Die Vertriebsdirektoren (VD) führen mehrere Verkaufsleiter (VKL), die ihrerseits dann mehrere Vertriebspartner (VP) führen.

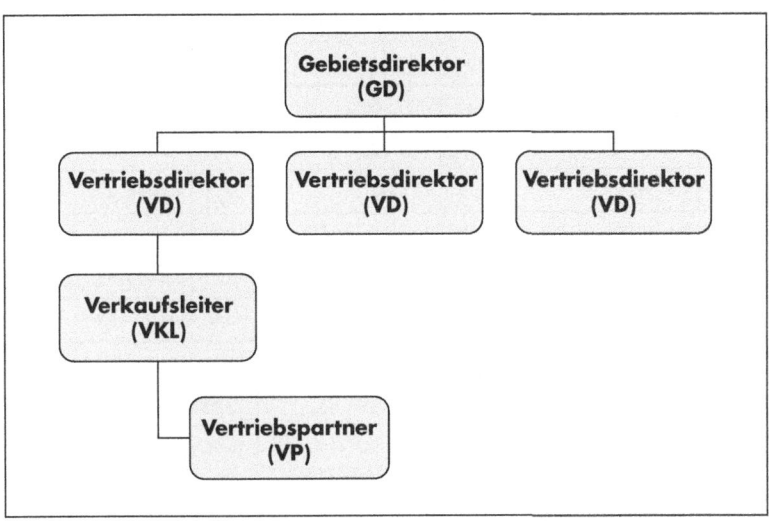

Abbildung 10: Exemplarische Struktur eines Finanzvertriebs

In der hier beschriebenen Auftaktveranstaltung kamen die Teilnehmer aus drei Vertriebsregionen. Jede dieser Regionen war durch einen Gebietsdirektor (GD) und drei Vertriebsdirektoren (VD) vertreten, insgesamt zwölf Personen. Die Auswahl der direkt in den Coaching-Prozess eingebundenen Verkaufsleiter (VKL) und Vertriebspartner (VP) sollte erst zu einem späteren Zeitpunkt erfolgen.

Es wurde festgelegt, dass aus Gründen der Organisation jeweils drei Coaching-Tage hintereinander stattfinden sollten, die von je einem der ausgewählten Vertriebsdirektoren (VD) für einen Teil seiner Mannschaft, zwei Verkaufsleitern (VKL) mit je drei Vertriebspartnern (VP) gebucht werden können. Die Gesprächsstruktur dieser 3-Tages-Blöcke sieht folgendermaßen aus:

Coaching-Gespräche: Der 3-Tage-Block

1. Tag	Vertriebsdirektion 1	2. Tag	Vertriebsdirektion 2	3. Tag	Vertriebsdirektion 3
09:00	Trainer – VD*	09:00	Trainer – VD	09:00	Trainer – VD
09:15	VD – VKL* 1	09:15	VD – VKL 1	09:15	VD – VKL 1
10:00	VKL 1 – VP* 1	10:00	VKL 1 – VP 1	10:00	VKL 1 – VP 1
10:45	VKL 1 – VP 2	10:45	VKL 1 – VP 2	10:45	VKL 1 – VP 2
11:30	VKL 1 – VP 3	11:30	VKL 1 – VP 3	11:30	VKL 1 – VP 3
12:15	VD – VKL 2	12:15	VD – VKL 2	12:15	VD – VKL 2
13:00	Pause	13:00	Pause	13:00	Pause
13:30	VKL 2 – VP 1	13:30	VKL 2 – VP 1	13:30	VKL 2 – VP 1
14:15	VKL 2 – VP 2	14:15	VKL 2 – VP 2	14:15	VKL 2 – VP 2
15:00	VKL 2 – VP 3	15:00	VKL 2 – VP 3	15:00	VKL 2 – VP 3
15:45	Trainer – VD	15:45	Trainer – VD	15:45	Trainer – VD
16:00	Ende	16:00	Ende	16:00	Ende
VD* = Vertriebsdirektor VKL* = Verkaufsleiter VP* = Vertriebspartner					
1	VD	1	VD	1	VD
2	VKL	2	VKL	2	VKL
6	VP	6	VP	6	VP
9	**Gesamt**	9	**Gesamt**	9	**Gesamt**
		Summe	**3-Tage-Block**		
		3	VD		
		6	VKL		
		18	VP		
		27	**Gesamt**		

Abbildung 11: Gesprächsstruktur des 3-Tages-Blocks

Sie sehen, dass an diesen drei Tagen insgesamt 27 Menschen aus drei regionalen Vertriebsdirektionen daran teilnehmen. Die Teilnehmer werden in einer regionalen Kick-Off-Veranstaltung von ihren Führungskräften über das Projekt und dessen Ablauf im Detail informiert. Bei der Gelegenheit bekommen sie mein Buch „Führen und verkaufen mit der Kraft der Ordnung" überreicht, mit der Bitte, es zu lesen.

7.4.3 Die erste Gesprächsrunde

Ich sitze in einem kleinen Besprechungsraum eines schönen Hotels in Krefeld und warte auf den Vertriebsdirektor (VD). Ich habe meine Unterlagen ausgebreitet und lese in der Benediktsregel, um mich auf den Tag einzustimmen.

Der VD erscheint einige Minuten vor 09:00 Uhr. Er klagt über den starken Frühverkehr, der ihm ein früheres Erscheinen nicht möglich machte. Wir begrüßen uns herzlich. Der VD macht die Auftaktveranstaltung, die ihn wohl sehr beeindruckt hat, zum Thema. Dort haben wir uns auch kennen gelernt. Er sagt, dass er viel von diesem Coaching-Prozess erwartet. Seine Mitarbeiter sind schon vor Wochen ausgewählt und in einer eigenen Veranstaltung informiert worden. Alle sind sehr gespannt auf den Ablauf und voller Vorfreude. Weiterhin erzählt er mir, dass alle Mitarbeiter das Buch „Führen und verkaufen mit der Kraft der Ordnung" gelesen haben und er darüber schon einige sehr interessante Rückmeldungen erhalten hat. Wir vereinbaren, dass ich mit Erklärungen und Fragen in das Gespräch hinein starten werde, und legen auch fest, dass der VD jederzeit mit vertiefenden Fragen in das Gespräch eingreifen kann. Dann wenden wir uns dem Tagesplan zu.

Coaching-Gespräche: Der Tagesplan

Datum: 15. September 2011
Ort: Novotel Krefeld, Elfrather Weg 5

Zeit	F*	Name 1	F*	Name 2
09:00 – 09:15	T	Herndl, Karl	VD	Müller, Patrick
09:15 – 10:00	VD	Müller, Patrick	VKL	Flecker, Oliver
10:00 – 10:45	VKL	Flecker, Oliver	VP	Ebers, Günter
10:45 – 11:30	VKL	Flecker, Oliver	VP	Ponser, Rita
11:30 – 12:15	VKL	Flecker, Oliver	VP	Stein, Walter
12:15 – 13:00	VD	Müller, Patrick	VKL	Baumann, Michael
13:00 – 13:30		Pause		
13:30 – 14:15	VKL	Baumann, Michael	VP	Rauter, Joachim
14:15 – 15:00	VKL	Baumann, Michael	VP	Barelli, Roberto
15:00 – 15:45	VKL	Baumann, Michael	VP	Maierhofer, Uwe
15:45 – 16:00	T	Herndl, Karl	VD	Müller, Patrick

F*: Funktion (VD, VKL, VP, T = Trainer)
Abbildung 12: Beispiel eines Tagesplans

Laut VD werden alle Mitarbeiter gemäß der vorliegenden Einteilung erscheinen. Dann gehen wir kurz auf die einzelnen Teilnehmer ein, und ich erfahre ein paar Details zu den vertrieblichen Leistungen und den Persönlichkeiten der einzelnen Menschen. Um Punkt 09:15 Uhr klopft der erste Teilnehmer an die Tür. Er ist Verkaufsleiter (VKL) in einem großen Vertriebsgebiet und führt vier Vertriebspartner (VP).

In diesem Unternehmen ist der Verkaufsleiter zugleich selbst Verkäufer. Das ist insofern eine besondere Herausforderung, weil der VKL zuerst einmal das vorzeigen muss, was er sich von seinen Verkäufern erwartet, sonst kann er diese Handlung ja nicht einfordern. Außerdem erfordert diese Rolle ein sehr konsequentes Zeitmanagement, weil sich ansonsten die Führungsaufgaben und die eigene Vertriebstätigkeit nicht vereinbaren lassen. Der VKL erhält von der Provision seiner Mitarbeiter eine Beteiligung. Die erfolgreiche Arbeit als VKL ist außerdem die Voraussetzung für mögliche spätere Karriereschritte im Unternehmen.

Der VKL nimmt seinen vorgesehenen Platz an der Stirnseite des Tisches ein. Von ihm aus gesehen sitzen der VD zu seiner linken und der Coach zu seiner rechten Seite. Ich eröffne das Gespräch. Ich stelle mich selbst vor und skizziere dann die Geschichte und den Ablauf des Projektes. Ich erwähne auch, dass wir uns dreimal sehen werden, an diesem Tag und dann noch zweimal, jeweils im Abstand von vier Wochen. Das Nicken des VKL zeigt mir, dass er gut in das Projekt eingeführt worden ist und die Eckdaten im Kopf hat. Dann stelle ich die erste Frage:

Coach: „Herr M., wer sind Sie?"

Diese Frage löst zuerst eine Nachdenkpause aus und nicht selten eine Rückfrage, wie denn die Frage gemeint sei. Für mich zeigt sich in der Beantwortung ein erster Eindruck des Teilnehmers. Manche sprechen nur über ihren beruflichen Werdegang, oft sehr ausführlich, mitunter auch ganz knapp. Manche stellen verschiedene Facetten ihrer Persönlichkeit dar und reden über Familie, Beruf und Hobbies. Einige sprechen laut und selbstbewusst, andere verstecken sich schon im Anfangsstatement. Herr M. jedenfalls ist ein attraktiver dynamischer junger Mann und bringt eine sehr ausgewogene Vorstellung seiner Person in einer sympathischen Art und Weise.

Coach: „Danke für diese Vorstellung Ihrer Person. Sie haben ja mein Buch „Führen und verkaufen mit der Kraft der Ordnung" gelesen. Was haben Sie daraus für sich mitgenommen?"

An dieser Stelle des Gespräches bin ich immer sehr auf die Aussagen der Teilnehmer gespannt. Sie haben ja im Vorfeld kein typisches Vertriebsbuch gelesen, sondern eines, das die Ordnung der Benediktiner als Grundlage nimmt und auf eine erfolgreiche Vertriebsarbeit überträgt. Anscheinend ist es gelungen, mit diesem Buch den ganzen Menschen anzusprechen, nicht nur den Teil der Person, der im Vertrieb arbeitet.

Herr M.: *„Es gibt immer wieder Ängste im Leben. Wir sorgen uns um unsere Gesundheit, um unser Einkommen, um unsere Familie, um unsere Karriere. Die Ordnung macht diese Ängste beherrschbar ..."*

Diese Aussage hat mich sehr beeindruckt, weil sie den ganzen Menschen in das Ordnungsprinzip mit hinein nimmt. Die Ordnung ist also nicht nur für den Verkaufserfolg eine wichtige Grundlage, sie lässt uns in allen Lebensbereichen profitieren. Auch in vielen anderen Erstgesprächen kamen sehr interessante Aussagen der Teilnehmer zu den Erkenntnissen, die sie für sich aus diesem Buch mitgenommen haben: *„Ich habe jetzt verstanden, warum Führung wichtig ist. Jetzt will ich aber auch geführt werden"*, sagte jemand. Ein anderer meinte, dass ihm klar geworden sei, *„wie eng der Weg ist, der zum Leben führt, gerade auch im Verkauf."* Eine Teilnehmerin berichtete, dass es für sie wichtig war, zu erkennen, *„dass Talente ein sehr großes Geschenk sind, und dass man das Geschenk aber auch annehmen und für die berufliche Entwicklung anwenden muss."* Ein anderer hatte sich ausführlich mit dem Fragen-Stellen beschäftigt und bemerkt, dass *„mit W-Fragen schon in der Bibel sehr häufig und wirkungsvoll gearbeitet wird."* Fast alle Teilnehmer haben das Lesen des Buches zum Anlass genommen, sich mit ihrer eigenen Ordnung im Berufs- und Privatleben auseinanderzusetzen. Wenige sagten aber auch, dass sie mit dieser Ordnung nicht so viel anfangen konnten.

Coach: *„Herr M., das haben Sie sehr schön gesagt. Was braucht es denn, um die Abläufe im Vertrieb zu ordnen?"*

Herr M.: *„Es geht immer um dieselben Kriterien. Terminfrequenz, Inhalt der Gespräche usw."*

An der Stelle nehme ich die Unterlage „Unsere Ordnung" zur Hand, die die einzelnen Regeln, die in der Auftaktveranstaltung festgelegt worden sind, beinhaltet. Ich konzentriere mich auf die vier wichtigsten Punkte, die ich mit einem Textmarker markiere. Danach gebe ich den Zettel Herrn M. und bitte ihn, den ersten Punkt vorzulesen.

Herr M.: *„Wir führen an jedem Arbeitstag drei Verkaufsgespräche durch und beenden die Arbeitswoche erst dann, wenn für nächste Woche die entsprechende Terminanzahl im Kalender steht."*

Coach: *„Was halten Sie davon?"*

Herr M.: *„Ja, das strebe ich bisher ja auch schon an... Dazu kann ich stehen!"*

Im Folgenden werden von Herrn M. die weiteren drei Punkte der Ordnung vorgelesen. Im zweiten Punkt geht es um den Einsatz des Kundenberatungsbogens in jedem Gespräch, im dritten Punkt geht es darum, aus jedem Verkaufsgespräch eine Standardsituation zu machen, die auch die Frage nach der Empfehlung beinhaltet. Diese Punkte finden die Zustimmung des Herrn M.

Im vierten Punkt geht es darum, dass die Verkäufer des Unternehmens als Fragensteller agieren sollen und die Verkaufsgespräche mit den richtigen Fragen und Pausen führen sollen. Herr M. ist einverstanden damit.

An dieser Stelle baue ich in Abstimmung mit dem Auftraggeber eine kleine W-Fragen-Übung in das Gespräch ein. Ich habe das Arbeitsblatt „W-Fragen im Verkaufsprozess" vor mir liegen und prüfe ein paar der dargestellten Fragenfelder ab. Zum Thema Empfehlung läuft das folgendermaßen ab:

Coach: *„Mit welchen Worten fragen Sie nach der Empfehlung?"*

Herr M.: *„Dafür habe ich leider keine feste Formulierung, die Frage stelle ich leider auch nur selten."*

Coach: „Welchen Vorteil hätten Sie, wenn Sie die Frage immer stellen würden?"

Herr M.: „Ich hätte mit der Terminvereinbarung weniger Probleme."

Coach: „Wie würde Ihnen eine feste Formulierung dabei helfen?"

Herr M.: „Das würde mir das Stellen der Empfehlungsfrage natürlich erleichtern."

Coach: „Welche Formulierung würde gut zu Ihnen passen?"

Herr M.: „Das kann ich leider nicht genau sagen."

Ich überreiche Herrn M. die Unterlage „W-Fragen im Verkaufsprozess".

Unternehmenspräsentation

- Was wissen Sie über die ... AG?
- Wie Sie sehen, sind wir die Spezialisten für die Bereiche A, B und C. Welcher dieser Bereiche ist für Sie momentan am wichtigsten?

Kundeninformationsbogen

- Wir haben uns heute zum Thema X getroffen. Ich möchte Sie in diesem Zusammenhang sehr gut beraten und habe da vorher noch ein paar Fragen an Sie ...
- Was halten Sie davon, wenn wir uns einen Überblick über Ihre finanziellen Möglichkeiten verschaffen?

Staatliche Förderung

- Welche staatlichen Förderungen kennen Sie?
- Was halten Sie davon, wenn ich Ihnen zeige, wie Sie Geld vom Staat geschenkt bekommen?

Rente

- Wo haben Sie Ihre Riester-Rente?
- Wie wichtig ist es Ihnen, Ihren Lebensstandard in der Rente beizubehalten?

Bausparen

- Wo haben Sie Ihren Bausparvertrag?
- Welchen Traum würden Sie sich gerne in ein paar Jahren erfüllen?

Finanzierung

- Was halten Sie davon, wenn Ihnen der Staat bei der Verwirklichung Ihrer Wohnträume behilflich ist?
- Wie muss eine Finanzierung aussehen, die genau zu Ihnen passt?

Sparen / Wertpapiere / Fonds

- Was erwarten Sie von einem guten Sparprodukt?
- Was erwarten Sie von einer längerfristigen Veranlagung?

Sparen für Kinder, Enkel

- Wie wichtig ist Ihnen die finanzielle Vorsorge für Ihre Kinder?
- Was halten Sie davon, für Ihre Kinder (Enkel) ein finanzielles Polster aufzubauen?

Risikolebensversicherung

- Wer kümmert sich um Ihre Kinder, wenn Ihrer Frau gestern etwas zugestoßen wäre?
- Wie kann Ihre Familie den Lebensstandard halten, wenn Ihnen gestern etwas zugestoßen wäre?

Unfall / Kinderunfall

- Wie würde ein schwerer Unfall Ihr Leben verändern?
- Wissen Sie, wie viele Kinder in Deutschland jährlich in einen Unfall verwickelt sind?

Sachversicherungen

- Wo haben Sie Ihr Auto versichert?
- Wissen Sie, was eine gute Eigenheimversicherung / Hausratsversicherung alles abdeckt?

Girokonto

- Was halten Sie von einem kostenlosen Girokonto?
- Welche Gebühren zahlen Sie für Ihr Girokonto?

Empfehlung

- Wer aus Ihrem Bekanntenkreis würde von so einer guten Beratung profitieren?
- Wen kennen Sie, der demnächst etwas finanzieren will?

Einstieg Telefonakquise

- Bestandskunde: Guten Tag, Herr X, hier spricht Herr Y, Ihr Betreuer von der ... AG. Ich habe mir Ihre Verträge angesehen, dabei sind mir Verbesserungsvorschläge eingefallen, die ich Ihnen gerne persönlich präsentieren würde. Passt es Ihnen nächste Woche am Dienstag oder Donnerstag?
- Neukunde: Guten Tag, Herr X, mein Name ist Y von der ... Ich möchte Sie gerne von den Vorteilen der Kooperation mit uns überzeugen. Haben Sie in der nächsten Woche am Dienstag oder Donnerstag Zeit für mich?

Kundeneinwände im Verkaufsgespräch

- Ich überlege es mir noch!
  Gut, Herr Kunde, überlegen wir gemeinsam: Welche Fragen sind für Sie noch offen?
- Ich unterschreibe heute noch nicht!
  Gut, dass Sie mich darauf hinweisen, Herr Kunde, bei mir dürfen Sie gar nicht unterschreiben, bevor Sie nicht restlos überzeugt sind. Welche Punkte sind Ihnen noch unklar?

Kundeneinwände am Telefon

- Schicken Sie mir Unterlagen!
  Bei der Durchsicht von Unterlagen entstehen erfahrungsgemäß immer wieder Fragen, die ich Ihnen dann gleich beantworten kann. Natürlich werde ich Unterlagen mitbringen. Passt es Ihnen am...um...oder am...um...
- Ich werde von dem Berater / dem Unternehmen X gut betreut!
  Sehr gut, Herr Kunde, dann wird Sie mein Besuch nur bestätigen. Überprüfen wir gemeinsam, ob Ihre Absicherung noch Ihrer Lebenssituation entspricht. Passt es Ihnen am...um...oder am...um...

Abbildung 13: W-Fragen im Verkaufsprozess (Auswahl)

Herr M.: „Da stehen wirklich gute Fragen drauf".

Coach: „Wie gefällt Ihnen der Vorschlag zur Empfehlungsnahme?"

Herr M.: „Ja, diese Fragen gefallen mir gut."

Wir machen dazu ein Rollenspiel. Herr M. liest die Fragen zuerst vom Zettel ab. Wir üben den Prozess mehrmals, bis ich das Gefühl habe, das Herr M. die Fragen beherrscht. Von Mal zu Mal wird auch seine Ausdrucksweise geschliffener und der Blick freundlicher. Herr M. nimmt sich vor, sich auch die anderen Fragen, die auf dem Zettel stehen, einzuprägen.

Coach: „Wer ist denn verantwortlich dafür, dass Sie und Ihre Mitarbeiter diese Fragen beim Kunden einsetzen?"

Herr M.: „Ich natürlich!"

Coach: „Wie wollen Sie denn sicher stellen, dass Ihre Mitarbeiter diese Fragen bis zu unserem nächsten Treffen beherrschen?"

Herr M.: „Ich kann die Fragen im wöchentlichen Team-Meeting mit meinen Leuten trainieren."

Coach: „Wollen wir das so vereinbaren?"

Herr M.: „Ja gerne."

Wir haben schon erwähnt, dass Herr M. als Verkaufsleiter ein kleines Verkäuferteam führt. Gerade deswegen ist es wichtig, dass er selbst die einzelnen Punkte der Ordnung für sich verinnerlicht hat und als Vorbild für seine Gruppe umsetzen will. Sonst könnte er diese Aktivitäten bei seinen Mitarbeitern nicht einfordern.

In der Auftaktveranstaltung dieses Unternehmens wurde vereinbart, zum Überprüfen der Arbeitsweise jedes Mitarbeiters das Arbeitsblatt „Die erfolgreiche Arbeitswoche" einzusetzen.

Die erfolgreiche Arbeitswoche					
Vertriebspartner:					
Arbeitswoche von:		**bis:**		**Arbeitstage:**	
Nr.	Kunde	KIB-Bogen	Abschlüsse	Empfehlung	
1					
2					
3					
4					
5					
6					
7					
8					
9					
10					
11					
12					
13					
14					
15					
Abschlüsse:	**Spezialprodukte:**		**Empfehlungen:**	**Provision:**	

Abbildung 14: Arbeitsblatt Arbeitswoche

Ich reiche Herrn M. eine Kopie dieser Unterlage und frage:

Coach: „Herr M., welchen Vorteil hätten Sie und Ihre Mitarbeiter, wenn Sie die Aktivitäten der vier Arbeitswochen bis zu unserem nächsten Treffen mit diesem Blatt dokumentieren?"

(Herr M. sieht das Blatt an, ich erkläre ihm die einzelnen Punkte. Er macht dabei den Eindruck, als ob er sich von der Arbeit mit diesem Blatt eine konkrete Hilfe für die Ordnung in seinem Vertriebsprozess erwarten würde).

Herr M.: *„Ja, das sieht sehr hilfreich aus. Meine Führungskraft hat den Einsatz dieser Unterlage auch schon angekündigt. Meine Mitarbeiter und ich werden mit dieser Unterlage gerne die Arbeit der nächsten Wochen dokumentieren."*

Gegen Ende des Gespräches sprechen wir noch kurz über die Mitarbeiter des Herrn M., die wir für die anschließenden Coaching-Gespräche erwarten. Ich bekomme eine kurze Schilderung der Stärken und Entwicklungsfelder der betreffenden Personen aus Sicht des Herrn M.

Dann steht noch die Vereinbarung mit Herrn M. über die Gesprächsinhalte an. Der Vertriebsdirektor (VD) hatte das Gespräch in Stichworten im Protokoll mitgeschrieben. Ich bitte ihn, die Vereinbarung festzuhalten. Abbildung 15 zeigt ein Beispiel für ein Vereinbarungsblatt. Das Gesprächsdatum wird vermerkt, die Namen des Gesprächsführers und des Vertriebspartners. Außerdem wird der nächste Gesprächstermin festgesetzt. Unter den Überschriften „Was wurde besprochen" und „Was wurde vereinbart" werden Gesprächsinhalte und Vereinbarungen festgehalten.

VD: *„Was haben wir nun besprochen?"*

Herr M.: *„Wir haben über meine Erkenntnisse aus dem Buch „Führen und verkaufen mit der Kraft der Ordnung" gesprochen. Dann über die Ordnung, die ich mir und meinem Team im Vertrieb geben will."*

VD: *„Ja, und was noch?"*

Herr M.: *„Und über die Standardsituationen im Vertrieb, über die Notwendigkeit, W-Fragen zu trainieren ..."*

VD: *„Herr M., was haben wir nun vereinbart?"*

Herr M.: *„Ich selbst mache drei Termine pro Arbeitstag und setze dabei den Kundeninformationsbogen in jedem Verkaufsgespräch ein."*

VD: *„Ja, und was noch?"*

Herr M.: *„Ich frage meine Kunden nach Empfehlungen und setze dabei die eingeübten Fragen ein ... Ich übe die W-Fragen mit meinen Mitarbeitern ... Wir alle setzen das Arbeitsblatt „Die erfolgreiche Arbeitswoche" ein und bringen die ausgefüllten Zettel zum nächsten Coaching-Termin mit."*

VD: *„Gut, ich habe hier alles aufgeschrieben und unterschreibe gerne als erster."*

(VD unterschreibt die Vereinbarung und reicht den Zettel dann dem Mitarbeiter. Der liest sich die einzelnen Punkte durch und unterschreibt ebenfalls.)

Ich erinnere mich gut, dass die Teilnehmer meiner Führungsseminare oft berichteten, dass die Mitarbeiter sich manchmal weigern, dass Protokoll zu unterschreiben. In den Gesprächen, in denen ich persönlich anwesend war, wurde die Unterschrift unter das Gesprächsprotokoll als selbstverständlicher Teil des Gespräches eingefordert. Vielleicht ist alleine die Einstellung des Gesprächsführers mitentscheidend dafür, dass die Protokolle unterschrieben werden. Wenn ich dem Mitarbeiter das fertige Protokoll mit dem Hinweis „jetzt müssen wir nur noch unterschreiben" reiche, dann wird in den allermeisten Fällen ohne Zögern unterschrieben. Wenn man die Notwendigkeit der Unterschrift vorher lang und breit erklärt, oder vielleicht sogar deutlich macht, dass man selbst nicht so ganz von der Notwendigkeit überzeugt ist, dann löst man möglicherweise ein Zögern des Gegenübers aus, das dann eben bis zur Verweigerung führen kann. Wichtig ist natürlich auch, was protokolliert wurde. Wenn konkrete Ergebnisse in Stückzahlen oder Umsatzvolumina festgeschrieben werden, ist die Hürde natürlich höher, weil man sich damit zu Ergebnissen und nicht nur zu Prozessen verpflichtet. Wenn der Schwerpunkt der Vereinbarungen

Gesprächsprotokoll

Datum: 8. Februar 2012

Vertriebspartner: Thomas Hilfreich   Führungskraft: Peter Stark

---

Folgende **konkrete Inhalte** wurden besprochen:
- Inhalte des Buches „Führen und verkaufen mit der Kraft der Ordnung"
- Ordnung im Vertriebsprozess: Eigene Ordnung und die des Teams
- W-Fragen
- Standardsituationen im Vertrieb
- Kundeninformationsbogen
- Empfehlung: Aussuchen von W-Fragen und Übung dazu

Folgende **konkrete Vereinbarungen** wurden getroffen:
- 3 Termine pro Arbeitstag
- Termine müssen bis Freitag der Vorwoche ausgemacht sein, Meldung per SMS an VD bis Freitag 20:00 Uhr
- Einsatz des Kundenberatungsbogens in allen Gesprächen
- W-Fragen selbst lernen und mit der Mannschaft üben
- 4-Wochenarbeitsblätter ausfüllen und beim nächsten Coaching-Gespräch mitbringen
- Die Wochenarbeitsblätter der Mitarbeiter jeden Montagvormittag mit den Mitarbeitern besprechen

Nächster Gesprächstermin: 7. März 2012

Unterschriften:

Vertriebspartner: *Thomas Hilfreich*   Führungskraft: Peter Stark

---

Abbildung 15: Muster eines Gesprächsprotokolls

aber in konkreten Handlungen liegt, kann sich der Mitarbeiter dazu leichter verpflichten, und die guten Ergebnisse kommen dann von selbst.

Während der Gesprächsführer und der Vertriebspartner sich mit der Erstellung des Protokolls beschäftigen, schreibe ich in Stichworten mein eigenes Protokoll. Die Gesprächsinhalte finden darin ebenso Platz wie die persönlichen Daten des Teilnehmers und Eindrücke, die er hinterlässt.

Die weiteren Gespräche des Vormittages finden dann zwischen dem Verkaufsleiter und seinen einzelnen Mitarbeitern statt. In der ersten Gesprächsrunde liegt der Schwerpunkt der Gesprächsführung beim Coach, dieser Anteil soll aber in der zweiten und dritten Gesprächsrunde mehr und mehr zum Verkaufsleiter übergehen.

Für die erste Gesprächsrunde können generell folgende Ziele definiert werden:

■ **Das Projekt verkaufen**

Ich kann im Vorfeld nicht immer abschätzen, wie detailliert den einzelnen Teilnehmern der Sinn und der Inhalt des Projektes verkauft worden ist. Deswegen muss dieser Punkt in allen ersten Gesprächsrunden am Anfang stehen.

■ **Teilnehmer kennen lernen**

Auf die Frage *„Wer sind Sie ..."* erhalte ich einen ersten Eindruck über die Person, die in das Projekt eingebunden werden soll. Der berufliche Werdegang ist für mich dabei genauso interessant wie das private Umfeld des Mitarbeiters wie auch seine Hobbies.

■ **Ordnung**

Das zentrale Thema des Projektes ist es, den Vertriebsprozess jedes einzelnen anhand der erstellten Ordnung im Unternehmen zu strukturieren. Wenn der Teilnehmer das vorliegende Buch schon gelesen hat, kann an dieser Stelle nach seiner persönlichen Auseinandersetzung mit dem Thema Ordnung gefragt werden. Alter nativ dazu können Fragen gestellt werden, die dem Teilnehmer den Sinn und den Vorteil der Ordnung für seine berufliche Entwicklung greifbar machen. Wenn der Einsatz bestimmter Unterlagen (wie z.B. „Die erfolgreiche Arbeitswoche") mit dem Auftraggeber vereinbart worden ist, dann muss diese Aktivität zu Beginn des Coaching-Prozesses zum Thema gemacht werden.

- **Zeigen, wie man Fragen stellt**

Im Erstgespräch übernimmt der Coach einen Großteil der Gesprächsführung. Die anwesende Führungskraft des Mitarbeiters soll ein Beispiel vorgestellt bekommen, wie das Stellen der richtigen Fragen einen Coaching-Prozess voranbringen kann. Fragen, die weh tun, dürfen dabei nicht fehlen, damit die Führungskraft erkennt, dass man nur dann Entwicklung erreicht, wenn man die Dinge beim Namen nennt.

- **W-Fragen-Übung**

Das WIE hat im Verkaufsprozess eine ganz zentrale Bedeutung. Deswegen muss auch im Coaching-Prozess diesem Feld ausreichend Platz eingeräumt werden. Es geht darum, das Fragenstellen zum Thema zu machen, entsprechende erprobte W-Fragen zu verteilen und das Erlernen sicherzustellen. Aber auch konkrete Übungen während der Gesprächsrunden sind anzusetzen.

- **Vorbildwirkung Führungskraft**

Führungskräfte müssen durch permanentes Vorzeigen, Helfen aber auch Einfordern vermitteln, wie sehr Sie von der Sinnhaftigkeit der eingeführten Ordnung überzeugt sind. Sie müssen sich als Leuchtturm verstehen, damit eine langfristige Umsetzung gewährt ist.

- **Vereinbarung**

Der Mitarbeiter soll mit einem ganz konkreten Auftrag für sein Handeln in den nächsten Tagen aus dem Coaching-Gespräch heraus gehen. Je detaillierter das beabsichtigte Handeln in kleinen, nachvollziehbaren Schritten festgelegt ist, desto eher wird es umgesetzt werden.

■ **Controlling**

Controlling findet beim nächsten Coaching-Gespräch in circa vier Wochen statt. Darüber hinaus muss aber ein regelmäßiger Austausch mit der Führungskraft vor Ort über die Umsetzung der Vereinbarungen festgelegt werden.

7.4.4 Die zweite Gesprächsrunde

Zu Beginn des Gespräches nehmen wir uns kurz Zeit, um Beziehung zu schaffen. Ich spreche aus meiner Mitschrift des ersten Gespräches einen Punkt aus dem privaten Leben des Teilnehmers an. Dann leite ich mit einer Frage zum Inhalt des Coaching-Termins über:

Coach: „Herr X, was haben Sie mir denn mitgebracht?"

Die Teilnehmer händigen mir dann die vier Wochenblätter aus. Ich breite die vier Zettel (Abbildung 14) nebeneinander vor mir aus und nehme mir die Zeit, die Eindrücke auf mich wirken zu lassen. Mit einem Schlag liegt dann plötzlich die ganze Wahrheit auf dem Tisch. Die Wochenarbeitsblätter zeigen auf einem Blick die Stärken und Entwicklungsfelder eines Mitarbeiters. Oft wird der KIB-Bogen fleißig eingesetzt, dafür fehlt es an der Terminfrequenz. Manchmal stimmt zwar die Terminfrequenz, dafür passt die Abschlussquote nicht. „Die erfolgreiche Arbeitswoche" liefert eine genaue Analyse der Handlungsfähigkeit eines Mitarbeiters, die dann wiederum die Basis für neue Entwicklungsschritte ist. Ich zähle die Summe der Abschlüsse in allen Produkten und in den Spezialprodukten der letzten vier Wochen. Ich summiere auch die erhaltenen Empfehlungsadressen und die verdiente Provision.

Herr X: „Wie zufrieden sind Sie denn mit den von Ihnen erreichten Ergebnissen?"

Die Antwort des Teilnehmers gibt meist sofort den nächsten Entwicklungsschritt vor, den wir dann gemeinsam einleiten. Ich erinnere mich an einen Verkäufer, der insgesamt ein sehr gutes Bild abgegeben hatte. Er war mit seinem erreichten Ergebnis zufrieden. Auch die verdiente Provision stimmte ihn zuversichtlich. Das Thema Empfehlungsnahme war für ihn aber nach wie vor ein rotes Tuch. Wir widmeten diesem Thema ausführlich Zeit, bis wir drei Fragen gefunden hatten, die das Thema elegant in das Gespräch integrierbar machten und außerdem gut zu dem Verkäufer passten:

1. Waren Sie mit meiner Beratung zufrieden?

2. Würden Sie mich weiterempfehlen?

3. Wer konkret fällt Ihnen ein?

Wir übten diese Fragenfolge mehrmals, bis der Verkäufer sich sehr sicher beim Stellen dieser Fragen fühlte. Das Fragen nach der Empfehlung war dann natürlich auch der Hauptteil der Vereinbarung im Protokoll. Zum dritten Gespräch kam dieser Verkäufer dann mit einer Reihe von Empfehlungen. Seine Freude darüber, dass er seine rote Linie so erfolgreich überschritten hatte, war sehr groß.

Die zweite Gesprächsrunde war in vielen Fällen von großen Emotionen getragen. Ein Großteil der Teilnehmer hatte tatsächlich die Blätter „Die erfolgreiche Arbeitswoche" mitgebracht. Teilweise waren diese Blätter akribisch genau ausgefüllt, oft fanden sich aber auch Lücken. Ich hatte das Gefühl, dass die meisten Teilnehmer den Coach mit großer Freude an ihrer Entwicklung, die sie in den letzten Wochen gemacht hatten, Anteil nehmen ließen. Auch wenn in diesen Controlling-Blättern fast in jedem Fall auch die Entwicklungsfelder der Teilnehmer klar hervor traten, gab es doch immer auch Ergebnisse, die zum Lob Anlass gaben. Der Großteil der Teilnehmer hatte den Sinn der Ordnung in ihren Vertriebsprozessen verstanden, auch wenn manches noch nicht so gut in die Praxis umgesetzt worden war.

Ganz wenige Teilnehmer hatten die Vereinbarungen nicht eingehalten. Sie hatten die Controlling-Blätter nicht ausgefüllt bzw. Vereinbarungen für die Anzahl und den Inhalt von Kundengesprächen nicht eingehalten. Sie erschienen meist kleinlaut mit einigen

Ausreden zum Coaching-Gespräch oder erschienen gar nicht, weil sie noch rechtzeitig krank geworden waren oder das Unternehmen inzwischen schon verlassen hatten. In einigen Gesprächen wurde aber auch deutlich, dass manche Teilnehmer zwar den Sinn der Ordnung verstanden hatten und die Umsetzung beabsichtigt hatten, aber am praktischen Tun ganz einfach gescheitert waren. Dann war es besonders wichtig für mich, den Problemen auf den Grund zu kommen und mit der anwesenden Führungskraft des Teilnehmers einen klaren Entwicklungsprozess im Detail zu planen. Meist war dann das WIE ein Thema, es ging also um ganz konkrete Verkaufstechnik.

In der zweiten Gesprächsrunde achtete ich auch darauf, dass der Anteil der Gesprächsführung zunehmend mehr vom Coach zur anwesenden Führungskraft überging. Der Coaching-Prozess sollte eine fruchtbare Auseinandersetzung des Verkäufers mit seinem Chef einleiten und über den Projektzeitraum hinaus andauern.

Alle Teilnehmer der zweiten Gesprächsrunde wurden gebeten, das Begleitblatt „Die erfolgreiche Arbeitswoche" weiter zu führen.

7.4.5 DIE DRITTE GESPRÄCHSRUNDE

Der dritte und letzte Gesprächstermin war in dem vorliegenden Projekt wieder nach vier Wochen angesetzt. Wiederum ging es darum, die Aktivitäten des Verkäufers in den vier Wochen seit dem zweiten Gespräch zu analysieren und weitere Entwicklungsschritte zu ermöglichen.

Die Auswertung der Controlling-Blätter ergab im Vergleich zur zweiten Gesprächsrunde noch einmal einen deutlichen Schritt nach vorne. Diejenigen Verkäufer, die sich am meisten entwickelt hatten, behaupteten noch dazu, dass sie diese Leistungen in weniger Arbeitszeit als vorher geschafft hatten. Die dritte Gesprächsrunde war im Großen und Ganzen von einer entspannten Atmosphäre getragen. Meist gab es Anlass, sich gemeinsam über die guten Ergebnisse zu freuen, und es wurde diskutiert, was denn nun passieren müsse, damit die Entwicklung des Verkäufers sich weiterhin so erfreulich gestaltet.

Die dritte Gesprächsrunde wurde von den Teilnehmern aber auch dazu verwendet, zu erzählen, wie sie die Ordnung in ihr privates Umfeld eingeführt hatten, und was sie damit in ihrem Umfeld ausgelöst hatten. Viele hatten den Coaching-Prozess dafür genutzt, nicht nur ihre beruflichen Aktivitäten zu ordnen, sondern eben auch den Ablauf ihres gesamten Lebens neu zu beleuchten. Manch einer war überrascht darüber, dass er plötzlich mit dem „heiligen Benedikt" etwas anfangen konnte, und sich vornahm, von nun an wieder mal öfter in der Bibel zu lesen.

Ich hatte ein Gefühl der Dankbarkeit dafür, dass sich dieses Coaching-Projekt so positiv entwickelt hatte. Mein Anteil daran war, eine Ordnung zu repräsentieren, zu verkaufen und davon im Laufe des Prozesses nicht abzuweichen. Für mich war es wichtig, immer wieder ganz konkret einzufordern und auch deutlich Verärgerung zu zeigen, wenn ein Teilnehmer nicht das umgesetzt hatte, was wir vereinbart hatten. Mir ist aber auch klar geworden, dass die Menschen einem nur folgen, wenn sie Vorteile für ihre Entwicklung erkennen *und* wenn sie spüren, dass sie von dem, der fordert, geliebt werden.

7.4.6 Das Review

Vier Monate nach der Auftaktveranstaltung in diesem Projekt saßen wir wieder in diesem schönen Seminarhotel am Rhein. Gemeinsam hatten wir eine Entwicklung eingeleitet, die sich sehen lassen konnte.

Der Vorstand präsentierte Umsatzzahlen und verglich die Leistungen der Projektteilnehmer mit den Ergebnissen jener Verkäufer, die nicht am Projekt teilgenommen hatten. Besonders erfreulich war die Tatsache, dass die guten Umsätze nicht nur von wenigen Top-Leistern erzielt wurden, sondern von der Mehrzahl der am Projekt beteiligten Mitarbeiter.

Im Anschluss daran durfte ich die Höhepunkte der Gespräche aus meiner Sicht darstellen. Dabei beschränkte ich mich auf wenige, aussagekräftige Dialoge. Danach kam jeder Vertriebsdirektor zu Wort und präsentierte anhand einer Folie Erkenntnisse und Ergebnisse des Projektes in seinem Verantwortungsbereich. Der letzte Punkt der Tagesordnung bestand darin, das weitere Vorgehen im Projekt festzulegen.

7.5 Interessante Dialoge aus den Gesprächsrunden

Im Folgenden möchte ich noch ein paar besonders interessante Dialoge aus den Gesprächsrunden darstellen.

Die klugen und die törichten Jungfrauen

Coach: *„Wie zufrieden sind Sie denn mit Ihrem Ergebnis der letzten vier Wochen?"*

Herr F.: *„Insgesamt bin ich sehr zufrieden. Mein Einkommen hat sich deutlich entwickelt. 15 Termine habe ich aber noch nicht erreicht."*

Coach: *„Ja, es sind zweimal neun und zweimal zehn Termine. Würden Sie bitte den ersten Punkt unserer Ordnung vorlesen?"*

Herr F.: *„ … wir bleiben am Freitag so lange im Büro, bis die 15 Termine für die nächste Woche ausgemacht sind."*

Coach: *„Wie viele Termine hatten Sie denn an den Freitagen?"*

Herr F.: *„Acht waren es immer. Ich hatte gehofft, dass in der laufenden Woche noch die fehlenden Termine dazu kommen würden."*

Coach: *„Kennen Sie das Gleichnis von den klugen und den törichten Jungfrauen?"*

Herr F.: „Ja, das ist eine Geschichte aus der Bibel. Den genauen Inhalt weiß ich jetzt aber nicht."

Coach: „Die klugen Jungfrauen hatte so viel Öl für ihre Lampen mit, dass diese die ganze Nacht brennen würden, sie wussten ja nicht, wann der Bräutigam kommt. Die Lampen der törichten Jungfrauen erloschen im Laufe der Nacht, sie hatten zu wenig Öl vorrätig. Was können Sie daraus für Ihre Terminakquise lernen?"

Herr F.: „Sie meinen, dass ich am Freitag sicher stellen muss, dass die Terminlampe die ganze Woche brennt".

Coach: „Ja, das meine ich".

Tipp: Nehmen Sie hin und wieder die Bibel zur Hand und lesen Sie nach, was dieses Buch der Führungskraft von heute zu sagen hat.

Jetzt möchte ich geführt werden!

Coach: „Sie haben sich im Laufe des Coaching-Prozesses sehr gesteigert. Gratuliere!"

Frau K: „Anfangs hatte ich Bedenken, ob ich mich auf diese Ordnung einlassen will. Aber Sie haben ja nicht locker gelassen."

Coach: „Was hat Sie denn bewogen, sich dann doch auf diese Ordnung einzulassen?"

Frau K: „Ich habe einfach Schritt für Schritt ausprobiert und festgestellt, dass mir die Arbeit leichter von der Hand geht, wenn ich die Abläufe ordne."

Coach: „Bei unserem zweiten Gespräch hatten Sie aber noch Zweifel, obwohl sich Ihre Ergebnisse schon deutlich gesteigert hatten."

Frau K: „Mir ging es nicht so sehr um die Arbeitsprozesse, ich hatte meine Probleme mit der engen Führung durch den Verkaufsleiter. Schließlich bin ich als Vertriebspartnerin doch selbstständig."

Coach: „Was hat Ihnen die enge Führung durch den Verkaufsleiter gebracht?"

Frau K: „Das ständige Nachhaken hatte zur Folge, dass ich die geforderten Schritte auch setzte. Dann kamen die guten Ergebnisse fast von selbst".

Coach: „Was heißt das nun für Ihre Erwartungen an Ihre Führungskraft?"

Frau K: (An den Verkaufsleiter gerichtet) „Herr P., von nun an will ich durch Sie geführt werden!"

Tipp: Wundern Sie sich nicht, wenn Ihre Mitarbeiter an den von Ihnen eingeführten engen Führungsprozessen Gefallen finden!

Erfolg ohne „Druck am Reifen"

Coach: „Schön, dass sich die Entwicklung in Deiner Direktion so positiv darstellt. Es sieht ja so aus, als würden alle Deine Mitarbeiter im Projekt mitziehen."

Herr B.: „Ich bin selbst überrascht, wie gut sich die Dinge entwickeln, obwohl wir momentan kaum Druck am Reifen haben (gemeint: Erfolgsdruck durch die Unternehmensführung)."

Coach: „Was wunderst Du Dich, Du hast eine Ordnung eingeführt, die jetzt eben ihre positiven Auswirkungen zeigt."

Herr B.: „Trotzdem, dass alle so gut mitziehen, überrascht mich schon."

Coach: „Die Ordnung ist eben eingeführt und deswegen laufen die Prozesse. Der Abt des Klosters wundert sich ja auch nicht, wenn in der Früh um sechs alle Mönche pünktlich zum Gebet erscheinen."

Tipp: Sorgen Sie dafür, dass geordnete Prozesse in Ihrem Unternehmen nicht die Ausnahme, sondern die Regel sind.

Gutes Mittelmaß oder doch mehr?

Coach: „Ihre Ergebnisse sind sehr eindrucksvoll. Sie haben eine sehr hohe Abschlussquote erzielt. Bei der Terminanzahl zeigen Sie aber noch Reserven."

Herr S.: „Meine Provision hat sich in den letzten vier Wochen fast verdoppelt, damit bin ich mehr als zufrieden."

Coach: (Nimmt das Vereinbarungsblatt des letzten Gespräches zu Hand) „Welche Terminanzahl hatten wir denn im letzten Gespräch vereinbart?"

Herr S.: „15 Termine waren vereinbart, zehn bis zwölf habe ich durchgeführt."

Coach: „Wie sollte ich Ihrer Meinung nach damit umgehen, wenn zwischen uns getroffene Vereinbarungen nicht eingehalten werden?"

Herr S.: „Sie geben sich wohl nie zufrieden. Sie haben doch selbst gesagt, dass meine Ergebnisse eindrucksvoll sind."

Coach: „Ja, dass Sie mit zehn bis zwölf Terminen so viel Umsatz geschrieben haben, hat mich wirklich beeindruckt. Trotzdem hatten wir eine andere Vereinbarung bezüglich der Terminfrequenz getroffen."

Herr S.: „Jetzt werden Sie mich gleich fragen, welchen Vorteil ich hätte, wenn ich jede Woche 15 Termine hätte ... noch mehr Geschäft, das ist mir schon klar."

Coach: (Lächelt) „Gut dass Sie sich die Frage selbst gestellt haben. Heute ist für Sie ein sehr wichtiger Tag."

Herr S.: „Was meinen Sie?"

Coach: „Sie sind mit Talenten gesegnet worden, die Ihnen eine ganz große Verkäufer-Karriere ermöglichen würden. Entscheiden Sie sich doch jetzt: Wollen Sie gutes Mittelmaß bleiben oder zu den Top-Leuten gehören?"

Herr S.: „Ja, ich habe verstanden!"

Tipp: Gerade talentierte Verkäufer schöpfen ihr Potential oft zu wenig aus und sind zu unglaublichen Steigerungen fähig!

Die selbstgestrickten Verkaufsunterlagen

Coach: „Herr Verkaufsleiter, das ist nun die Unterlage ‚Die erfolgreiche Arbeitswoche'. Die kennen Sie ja schon aus dem Vorgespräch mit Ihrem Vertriebsdirektor."

Herr M.: „Ich werde mit meinem Team eine etwas andere ‚Unterlage verwenden. Ich kann Ihnen unsere Unterlage gerne zeigen."

Coach: (Nimmt die Unterlage) „Bei dieser Unterlage fehlt der Punkt X, den wollen wir doch in diesem Projekt besonders beachten."

Herr M.: „Der Punkt X ist hier nicht extra angeführt, den sehe ich in unserem elektronischen Controlling-System."

Coach: „Was glauben Sie denn, wieso wir in diesem Projekt mit einer einheitlichen Unterlage ‚Die erfolgreiche Arbeitswoche' arbeiten wollen?"

Herr M.: „Vielleicht sind die Auswertungen besser untereinander vergleichbar, aber wie gesagt, bei uns ist der andere Begleitbogen zur Wochenaktivität eingeführt."

Coach: „Was halten Sie denn von einem Verkaufsleiter, der die von seinen Führungskräften entwickelten Unterlagen nicht einsetzt?"

Herr M.: „Es kann doch nicht so ein großes Problem darstellen, wenn wir eine etwas andere Unterlage einsetzen".

Coach: „Was halten Sie denn von einem Verkaufsleiter, der einige Minuten eines Coaching-Prozesses damit verbringt, sich gegen eine vom Unternehmen entwickelte Unterlage zu wehren?"

Herr M.: *„ ... Sie sind aber hartnäckig... Gut, dann werden wir im Team eben auch diese Unterlage einsetzen."*

Tipp: Sorgen Sie dafür, dass die vom Unternehmen entwickelten Unterlagen auch eingesetzt werden und sich nicht jeder sein eigenes Süppchen kocht!

Der unauffällige Leerlauf

Coach: *„Herr S., wie ich sehe, hat einer Ihrer Mitarbeiter in den ersten beiden Wochen dieses Monats noch kein Geschäft gebucht."*

Herr S.: *„Ja, das stimmt, ich werde wohl mit ihm reden müssen!"*

Coach: *„Wie lange wissen Sie schon, dass dieser Mitarbeiter zur Zeit nicht arbeitet?"*

Herr S.: *„Er arbeitet ja, aber es ist wohl noch kein Geschäft dabei heraus gekommen."*

Coach: *„Was halten Sie von einer Führungskraft, die dem Mitarbeiter beim Misserfolg zusieht, ohne einzugreifen?*

Herr S.: *„Ja, ich rede heute noch mit dem Mitarbeiter!"*

Tipp: Stellen Sie sich hin und wieder die Frage: Was habe ich denn in den letzten Tagen unter meiner Führung zugelassen?

Die abgesagte Vorführung

Coach: *„Frau M., werden Ihre Mitarbeiter im Laufe des Vormittags wie geplant eintreffen?"*

Frau M: *„Nein, ich habe noch am Freitag mit allen Mitarbeitern gesprochen. Unser Team wird an diesem Coaching-Prozess nicht teilnehmen."*

Coach: *„Ihre Führungskraft hat mich in der Sache schon vorgewarnt. Trotzdem bin ich überrascht, dass Sie und Ihr Team*

Frau M.: *"...nun bei dieser Entwicklungsmaßnahme nicht teilnehmen werden. Was ist der Grund dafür?"*

Frau M.: *"Wir arbeiten sehr gut, und sind auch voll ausgelastet. Unsere Ziele erreichen wir jedes Jahr, und das wird auch diesmal so sein."*

Coach: *"Ich glaube, ich habe noch keine Antwort auf meine Frage erhalten!"*

Frau M.: *"Meine Mitarbeiter lassen sich nicht so gerne vorführen."*

Coach: *"Was meinen Sie damit?"*

Frau M.: *"Es hat sich herum gesprochen, dass Sie sich in den Coaching-Gesprächen Teile aus den Verkaufsgesprächen der Mitarbeiter vorführen lassen."*

Coach: *"Welchen Vorteil hätten die Mitarbeiter davon?"*

Frau M.: *"Sie müssen mich jetzt nicht überzeugen, aber die Mitarbeiter wollen eben nicht kommen."*

Wenn man so will, ist natürlich jeder Entwicklungsprozess an ein „Vorführen" gebunden, weil man Veränderung nur dort anregen kann, wo man weiß, wie etwas gemacht wird. Obwohl die Führungskraft von der Sinnhaftigkeit des Coaching-Prozesses überzeugt ist, ist es ihr nicht gelungen, ihre Mitarbeiter ins Boot zu holen. Der nächste Termin wurde von anderen Teilnehmern dieser Direktion wahrgenommen.

Tipp: Wenn Sie in der Führung der Mitarbeiter so einfach aufgeben, werden Sie Ihr Team langfristig nicht zum Erfolg führen können.

Der heiße Brei

Coach: *"Herr A. gehen Sie doch bitte mit Ihrer Mitarbeiterin, Frau P., die Zahlen der letzten Wochen durch."*

Herr A.: *"Wie zufrieden sind Sie denn mit Ihrem Ergebnis in der Sparte A?"*

Frau P.: „Das ist gut gelaufen, so gut wie in diesem Jahr war ich in dieser Sparte noch nie!"

Herr A.: „Erzählen Sie doch, wie Sie das gemacht haben!"

Frau P.: „Ja, ich habe ..."

Frau P. bringt einen ausführlichen Bericht über ihre Aktivitäten in der Sparte A. Herr A. nickt immer wieder zustimmend und lächelt dabei. Im Anschluss daran wurden dann die ebenso guten Erfolge in der Sparte B ausführlich besprochen. Ich beobachte die Führungskraft dabei, wie sie sich in die Ergebnisblätter vertieft. Herr A. fixiert die Umsatzzahlen in der Sparte C, die alles andere als rosig sind. Er versucht mehrmals zaghaft, das Thema anzuschneiden, während Frau P. aber noch damit beschäftigt ist, über ihre guten Ergebnisse in den Sparten A und B zu referieren.

Coach: (Platzt der Kragen) „Herr A., was wollen Sie denn Frau P. schon seit einer Weile sagen?"

Herr A.: „Ja, der Umsatz in der Sparte C war wohl nicht so gut."

Coach: „Dann fragen Sie Frau P. doch endlich, wer bei ihren Kunden das Geschäft in der Sparte C macht!"

Der Gefühlsausbruch des Coaches löst bei allen am Gespräch Beteiligten ein Lachen aus. Die Atmosphäre ist gereinigt, dann wird endlich über die Sparte C gesprochen. In vielen Gesprächen musste ich die Erfahrung machen, dass die entscheidenden Fragen dann doch der Coach selbst stellen muss, auch wenn sich die Führungskräfte von Gesprächsrunde zu Gesprächsrunde mehr zugetraut haben.

Tipp: Wenn Sie sich zur Führungskraft entwickeln wollen, dann müssen Sie sich zutrauen, Ihren Mitarbeitern Fragen zu stellen, die auch einmal weh tun können. Sonst bleiben Sie ewig ein Kümmerer, Förderer, Begleiter, Fachspezialist, aber eben keine Führungskraft.

Ein Gleichnis sagt mehr als 1000 Worte

Coach: „Laut Ihren Aufzeichnungen haben Sie in den letzten vier Wochen insgesamt 44 Termine durchgeführt, das wären dann elf pro Woche."

Frau D.: „Ja, das war deutlich besser als in den Vorwochen!"

Coach: „Ich kann eine Steigerung erkennen, das stimmt. Wie viele Termine waren denn ausgemacht?"

Frau D.: „15 Termine pro Woche waren ausgemacht, ich weiß. Da bin ich aber noch nicht."

Coach: „Beim letzten Mal haben Sie 15 Termine als Teil unserer Ordnung akzeptiert."

Frau D.: „Ja, aber am Freitag bin ich wieder nach Haus gegangen, bevor 15 Termine im Kalender standen. Damit sind Sie nicht einverstanden."

Coach: (Lächelt) „Was muss denn passieren, damit Sie die vereinbarten Termine bis zu unserem nächsten Gespräch in vier Wochen durchführen?"

Frau D.: „Ich müsste eben eine Stunde in der Woche mehr telefonieren. Wenn ich die Kunden am Telefon spreche, bekomme ich bei jedem 2. Gespräch einen Termin."

Coach: „Wer putzt bei Ihnen im Haus die Fenster?"

Frau D.: „Das macht meine Haushaltshilfe."

Coach: „Wie oft werden die Fenster geputzt?"

Frau D.: „Einmal im Monat."

Coach: „Wie viele Fenster haben Sie in Ihrem Haus?"

Frau D.: (Denkt nach) „Das sind 16. Ja, 16 Fenster".

Coach: „Was würden Sie sagen, wenn Ihre Haushaltshilfe immer nur 13 Fenster putzt?"

Frau D.: *(Lächelt): „Damit wäre ich nicht einverstanden!"*

Tipp: Wenn Sie eine Ordnung eingeführt haben, dann lassen Sie bitte nicht locker, bis die Handlung genau so umgesetzt wurde, wie es vereinbart war.

Eng ist der Weg, der zum Leben führt

Coach: *„Herr D., die Wochenblätter zeigen, dass Sie zwar insgesamt recht erfolgreich, aber doch unsystematisch arbeiten."*

Herr D.: *„Wie meinen Sie das?"*

Coach: *„Die Abschlüsse sind zufriedenstellend. Den Kundeninformationsbogen setzen Sie aber nur sporadisch ein, und nach der Kundenempfehlung fragen Sie nur hin und wieder."*

Herr D.: *„Den Kundeninformationsbogen setzte ich dort ein, wo es passt, und die Frage nach der Empfehlung vergesse ich hin und wieder zu stellen."*

Coach: *„Welchen Vorteil hätten Sie, wenn Sie den Kundeninformationsbogen immer einsetzen würden?"*

Herr D.: *„Es stimmt schon, ich würde mehr über den Kunden erfahren."*

Coach: *„Welchen Vorteil hätten Sie noch?"*

Herr D.: *„Na ja, mein Gespräch würde systematischer ablaufen."*

Coach: *„Welchen Vorteil hätten Sie, wenn Sie jeden Kunden nach Empfehlungen fragen?"*

Herr D.: *„Wahrscheinlich würde ich mehr Empfehlungsadressen erhalten."*

Coach: *„Was würde Ihnen also ein systematischeres Arbeiten nützen?"*

Herr D.: *„Ja, es würde mir leichter fallen, meinen Beruf erfolgreich zu gestalten!"*

Coach:	*(Zeigt Herrn D. eine Stelle in der Benediktsregel)* „Lesen Sie doch mal diese markierte Zeile vor!"
Herr D.:	„*Eng ist der Weg, der zum Leben führt.*"
Coach:	„Was kann diese Aussage für Ihren Verkaufserfolg bedeuten?"
Herr D.:	„*Ein systematisches Vorgehen im Verkaufsgespräch ist wohl angesagt!*"

Tipp: Setzen Sie in allen Führungsgesprächen einen Schwerpunkt hinsichtlich der Ordnung in den Verkaufsgesprächen Ihrer Mitarbeiter!

8. Kapitel
Die Ordnung ist das Natürliche

Bei einem Seminar in Königswinter im Oktober 2009 war ich an der Stelle angelangt, an der ich das erste Mal das Thema Ordnung ansprach. Dort entwickelte sich folgender Dialog:

Trainer: „Herr F., wie sieht denn Ihre persönliche Ordnung im Vertrieb aus?"

Teilnehmer: „Da haben Sie sich leider den Falschen ausgesucht. Ich bin von Natur aus unordentlich. Wenn Sie sich einmal meinen Schreibtisch ansehen würden, dann wüssten Sie, was ich meine."

Trainer: „Haben Sie gesagt, dass Sie von Natur aus unordentlich sind?"

Teilnehmer: „Ja, aber ich weiß wenigstens, wo ich suchen muss!"

Trainer: „Darf ich fragen, wie alt Sie sind?"

Teilnehmer: „Ja natürlich, ich werde demnächst 50 Jahre alt."

Trainer: (Nimmt seinen Taschenrechner zur Hand) „50 Jahre. Das heißt, Sie haben über 18.000 Mal erlebt, dass es am Morgen hell wird und am Abend wieder dunkel. Sie haben 50 Mal erlebt, dass nach dem Sommer der Herbst kommt, und nach dem Winter der Frühling. Von Natur aus unordentlich ist so gesehen wohl eine ziemlich gewagte Ansage."

Teilnehmer: (Lächelt) „Ich weiß, worauf Sie hinaus wollen. Sie meinen, dass die Ordnung das Natürliche ist, nicht umgekehrt!"

Ich war begeistert. Ich hätte diese Grundaussage zu dieser Zeit noch nicht so präzise formulieren können, weil ich eben selbst noch auf der Suche danach war. Die Situation ist ein sehr schönes Beispiel dafür, wie meine vage Vorstellung von einer Aussage erst durch die Antwort eines Teilnehmers konkreter wird. Die Ordnung ist also das Natürliche, nicht umgekehrt.

Kinder wachsen in eine Ordnung hinein. Als Baby erleben sie die Rhythmik eines Tages. Es gibt Zeiten, zu denen sie gefüttert werden, es gibt Stunden, in denen sie liebkost, gewaschen und gepflegt werden, es gibt viele Stunden, die sie schlafen. Je besser es gelingt, diese Abläufe in eine feste Ordnung zu bringen, desto ausgeglichener erleben wir die Kinder. Eltern, die eine solche Ordnung konsequent einführen und einhalten, wissen vermutlich gar nicht, wie sehr sie damit einem Kleinkind in seiner natürlichen Entwicklung helfen. Leider werden schon in den ersten Phasen des Lebens unserer Kleinsten dabei viele Fehler gemacht.

Vor Kurzem haben wir uns mit unseren Kindern alte Videos angesehen. Ein Film zeigt unseren Sohn Mattias, jetzt 16 Jahre alt, im Zimmer meiner Frau in der Geburtsklinik. Mattias lag auf den angezogenen Füßen meiner Frau, schlief tief und sah entzückend aus. Ich hatte die beiden in einer Arbeitspause in der Klinik besucht und hätte ihn so gerne wach gesehen. Auf dem Film sieht man ein Elternpaar, das das schlafende Kind streichelt und seinen Namen sagt, bis es schließlich aufwacht. Gleich darauf schlief es aber wieder ein. Heute weiß ich, dass diese Handlung völlig falsch war, und dass der Antrieb dafür ein egoistischer war.

Wir wollen unseren Kindern immer nur das Beste geben. Kaum meldet sich das Kind, gehen wir an seine Wiege und nehmen es auf. Das Kind merkt sich solche Situationen natürlich sehr schnell. Und bald erleben wir dann völlig genervte Eltern, die das Kind nächtelang durch die Wohnung tragen, weil es seinen natürlichen Rhythmus verloren hat. Auf diese Art und Weise entstehen dann bald die kleinen Tyrannen unserer Zeit, die immer das letzte Wort haben müssen und auch nicht davor zurückschrecken, die Eltern in Schreiduelle zu verwickeln. Die „Schreie" sind nichts anderes als „Hilfeschreie". „Hilf mir endlich, meine Ordnung zu finden", so könnte man diese Artikulationen übersetzen.

Für die Kinder ist der Jahresrhythmus ein starkes Seil, an dem sie sich festhalten können. Das große Thema des Spätherbstes ist der Nikolaus. Dann, Wochen vor dem Weihnachtsfest, fragen sie täglich nach dem Christkind. Sie wollen alles ganz genau wissen. Wie brav sie denn sein müssten, damit das Christkind ihnen etwas bringt, und wie das Christkind denn wüsste, was sie geschenkt bekommen wollen. Kaum ist Weihnachten vorüber, gehen die Fragen über den Osterhasen los.

Die Krise unserer Gesellschaft ist meiner Ansicht nach gerade dadurch entstanden, dass wir die Ordnung verloren haben. Werte, die noch vor Kurzem unumstößlich waren, gelten kaum mehr. Die Ordnung in der Natur ist weitgehend geblieben. Die Rehe rücken enger zusammen, wenn der Winter kommt, damit sie nicht erfrieren. Die Krokusse blühen immer noch im Frühling und nicht im Herbst. Die Apfelbäume tragen im Winter nach wie vor keine Frucht. Alles wie gehabt. Nur der Mensch hat sich von seiner Natur entfernt, immer deutlicher, immer weiter.

Wenn man über Ordnung spricht, dann kommt einem schnell die „ewige" Ordnung in den Sinn, und damit auch das Christentum, das die Kultur unserer Gesellschaft sehr geprägt und den Menschen Ordnung und Halt gegeben hat. Dieses Christentum ist in der Gesellschaft heutzutage mehr durch seine auffälligen Bauwerke zu erkennen, als dadurch, dass sich Menschen dazu bekennen und danach leben. Gut die Hälfte der Menschen in Österreich, Deutschland und der Schweiz sind im christlichen Glauben getauft, circa 15 Prozent davon besuchen am Sonntag den Gottesdienst. Immerhin! Viele Fußballer bekreuzigen sich, wenn sie den Platz verlassen. Auch in der „Champions League", vor Millionen von Fernsehzuschauern.

Das Suchen der Menschen ist spürbar, obwohl es so aussieht, als würden wir uns von unseren Wurzeln immer weiter entfernen. Die moderne Gesellschaft versucht mit aller Gewalt, den Gott ihrer Großväter vom Thron zu stoßen. Sie will selbst schöpfen, statt nur Geschöpf zu sein von irgendeinem fremden Gott, der so weit aus unserem Bewusstsein gerückt ist.

Leider erleben wir heutzutage auf breiter Front den Zusammenbruch der von uns geschaffenen Systeme. Sie sind eben nicht für die Ewigkeit gebaut. Wenn die Natur uns einen kleinen Streich in Form eines Vulkanausbruches spielt, dann bricht plötzlich das gesamte Flugnetz zusammen. Wir erleben in diesen Tagen, dass Konferenzen abgesagt werden und Urlaube verlängert oder gestrichen werden müssen, weil die Flugzeuge am Boden bleiben. Etwas an sich Natürliches hat unsere wackelige Ordnung ganz schön durchgerüttelt und uns vorgeführt, wie instabil unsere selbst geschaffenen Systeme sind.

In diesen Wochen wird im Kernforschungszentrum in der Schweiz die jahrelang vorbereitete Teilchenkollision durchgeführt. Winzigste Teilchen von Materie rasen dabei mit Lichtgeschwindigkeit durch kilometerlange unterirdische Tunnel. Ziel ist es, die Kollision von diesen kleinsten Teilchen der Materie herzustellen, um Aufschlüsse darüber zu erhalten, was sich nach dem Urknall abgespielt hat. So weit, so gut. Ich staune darüber, was Menschen technisch möglich machen, und doch bleibt für mich die Frage offen, was man sich wirklich aus den Erkenntnissen dieser Versuche erwartet. Will man zeigen, dass es keinen Gott braucht, um ein Universum zu erschaffen? Auch die allergenialsten Versuche bleiben dann aber immer noch die Antwort auf die Frage schuldig, wer denn den Urknall veranlasst hat.

Wenn man sich die Dimensionen des Universums vorstellt und die Ordnung, die darin seit hunderten Millionen von Jahren herrscht, dann kann man sich kaum eine zufällige Entwicklung per Urknall vorstellen, ohne dass jemand, wie man heute so schön sagt, das „Go" gegeben hätte. Stellen Sie sich vor, Sie wären auf einem großen, leeren Parkplatz. In der Mitte des Parkplatzes platzieren Sie einen großen Gymnastikball (circa 50 Zentimeter im Durchmesser). Dann nehmen Sie eine Perle zur Hand (Durchmesser circa 5 Millimeter) und gehen damit etwa 60 Meter weit von dem Gymnastikball weg. Dann legen Sie die Perle auf den Boden und betrachten die Szenerie von oben. Sie haben eben eine verkleinerte Darstellung der Entfernung zwischen Sonne und Erde und das Größenverhältnis der beiden dargestellt.

Auch der Mond hat seine Aufgabe zu erfüllen. Seine Größe und der Abstand zur Erde ist genau so „kalkuliert", dass er die Neigung der Erdachse stabilisiert und somit die Abfolge der Jahreszeiten garantiert. Die Erde hat eine auffallend optimale Umlaufbahn um die Sonne, schon ein Grad Abweichung von dieser Umlaufbahn würde bedeuten, dass auf der Erde kein Leben mehr möglich wäre. Sie ist also offensichtlich so geplant worden, dass sie Leben ermöglicht.

Das Gottesthema wird die Menschen beschäftigen, so lange es Menschen gibt. Man spürt, dass da etwas ist, was lenkt und leitet. Man feiert Weihnachten, Ostern, man lässt sich taufen, man lässt sich trauen. Und doch will man als „aufgeklärter" Mensch nicht wahrhaben, dass es so etwas wie einen Schöpfer gibt, den man nicht sehen kann. So schaffen wir uns lieber unsere Ersatzgötter: die Villen, die Porsches, die Yachten, oder, im kleineren Rahmen, das zweite neue Handy in einem Jahr, den neuen PC, das x-te Paar Schuhe. Und doch spürt man, dass diese Dinge das eigene Leben nur eine Zeit lang verschönern werden.

Vor einiger Zeit führte ich ein Telefonat mit einer mir gut bekannten Führungskraft einer Vertriebsorganisation. Wir sprachen über meinen Klosteraufenthalt und die Ordnung im Vertrieb. Dann sagte er fast wehmütig, dass es leider für die Existenz Gottes keine Beweise gäbe.

Nach meinem Klosteraufenthalt hatte ich mich auf Spurensuche begeben und einschlägige Literatur durchgearbeitet, die – nebeneinander aufgestellt – das Maß eines Meters deutlich überschritt. Dabei bin ich auf sehr interessante, mir bis dahin unbekannte Fakten gestoßen. Im Folgenden möchte ich zwei Beispiele erläutern.

Die Evangelisten hatten sich als Geschichtsschreiber sehr bemüht, ihre Berichte immer in historische Kontexte zu verpacken. Sie gaben genaue Angaben darüber, welche historischen Personen zu dem Zeitpunkt gerade agiert hatten, als Jesus seine Auftritt hatte. Irgendwie schien das alles nicht zusammenzupassen. Die kritischen Wissenschaftler fanden immer wieder Berichte in der Bibel, deren Glaubwürdigkeit sie anzweifelten, weil die berichteten historischen Fakten, die die Evangelisten anführten, mit der Geschichtsforschung zeitlich nicht ganz genau übereinstimmten.

Im Dezember 1603 machte Johannes Keppler, einer der Begründer der modernen Astronomie, eine interessante Entdeckung. Der Gelehrte hatte in Prag eine hell leuchtende Konjunktion (Annäherung) der Planeten Jupiter und Saturn im Zeichen der Fische beobachtet. Er stellte weitere komplizierte Berechnungen an, die ergaben, dass sich ein ähnliches Phänomen, das ein intensives und hell aufleuchtendes Licht am Himmel erzeugt, auch im Jahre 7 vor Christus in dem Gebiet um Bethlehem gezeigt haben könnte. In den alten jüdischen Schriften steht zu lesen, dass der Messias gerade zu dem Zeitpunkt erscheinen würde, wenn sich Jupiter und Saturn im Zeichen der Fische im Licht vereinigt hätten.

Keppler wurde von der Wissenschaft belächelt, bis 1902 die so genannte Planetentafel veröffentlicht wurde, ein Papyrus, auf dem ägyptische Gelehrte die Bewegung der Planeten in den letzten 20 Jahren vor Christus aufgezeichnet hatten. Im Jahr 7 vor Christus war genau jene Konjunktion von Jupiter und Saturn eingetragen, die Keppler nachberechnet hatte. Damit wurde der Astronom – spät, aber immerhin – rehabilitiert.

Heutige Astrologen können leicht nachrechnen, dass sich das Ereignis am 5. Dezember des Jahres 7 vor Christus um 16.38 Ortszeit über Bethlehem ereignet hat. Das wäre demnach der Zeitpunkt, an dem „Weihnachten" stattfand. Die Hirten und die Könige aus dem Morgenland hätten also tatsächlich nur einem deutlich erkennbaren Lichtkegel folgen müssen und wären nach Bethlehem gelangt. Wenn man die Geburt Christi, und natürlich auch die Zeitpunkte seiner öffentlichen Auftritte, die in der Bibel so akribisch festgehalten wurden, um sieben Jahre zurückverlegt, dann stimmen plötzlich die Angaben in der Bibel mit den historischen Fakten überein.

Im zweiten Beispiel möchte ich dem Mythos der Stadt *Kafarnaum* nachgehen, der kleinen Stadt am See Genezareth, die Jesus zum Zentrum seines Wirkens auserwählt haben soll. Zu Beginn des 20. Jahrhunderts begannen sich Archäologen für die steinernen Zeugen des Christentums zu interessieren. Nach Meinung der Skeptiker musste das den endgültigen Todesstoß für das Christentum bedeuten, das – nach 200 Jahren Aufklärung – deutlich an Bedeutung verloren hatte. Nach den Bibelberichten hatte Jesus in dieser Stadt im Haus des Petrus gewohnt. Dort soll er viele Wunder vollbracht haben, wie zum Beispiel die Heilung des Sohnes des Hauptmanns von Kafarnaum, dem obersten Vertreter der römischen Besatzer vor Ort. War das alles doch nur eine fromme Legende?

Viele Jahre der Ausgrabungsarbeiten waren vergangen, ohne dass sich nur das kleinste Ergebnis gezeigt hätte. Die Skeptiker schienen Recht zu behalten, bis zum 22. November des Jahres 1968, als zwei Franziskanerpater die ersten steinernen Zeugen der Geschichte freilegten: „Wir haben für einige Augenblicke die kalte Nüchternheit der Wissenschaft vergessen und vor Rührung einfach geweint", sagte einer der beiden Patres später. Heute ist die Ansiedlung größtenteils ausgegraben und den Besuchern zugänglich. Das Haus des Petrus wurde verifiziert. In einem Teil des Hauses fanden sich Inschriften auf Griechisch, Syrisch, Aramäisch und Lateinisch. Insgesamt waren es ca. 150 Graffiti. Sie priesen Jesus als Herrn und Gott und als Christus. Auch der Name Petrus taucht mehrmals auf.

Ich hatte mir nach meinem Klosteraufenthalt vorgenommen, auf Zeichen des Himmels zu achten. Im Stift St. Paul in Kärnten gab es im letzten Jahr eine Ausstellung mit dem Titel „Die Macht des Wortes". Ich wollte diese Ausstellung besuchen, weil dort eine der ersten Abschriften der Benediktsregel ausgestellt war. Ich schob den Besuch aber immer wieder hinaus. Eines Tages war ich mit meinem Auto unterwegs in Österreich, die Reise führte mich zu einem Seminar nach Wien. Zu Beginn der Rückfahrt nach Kärnten fiel mir auf, dass der Kilometerstand fast schon 50 000 Kilometer anzeigte. Ich nahm mir vor, darauf zu achten, wie die Anzeige auf die runde Zahl springen würde. Ich war gespannt, an welcher Stelle meiner Reise es soweit sein würde.

Kilometerstand 49 999. Ich blickte mich um und fragte mich, ob mir dieser Zeitpunkt in meinem Leben etwas Bestimmtes mitteilen wollte. Ich konnte nichts Besonderes erkennen: keine Autobahnausfahrt, keine Kirche an einem Berghang, keinen LKW mit einer interessanten Aufschrift. Ich gebe zu, ich war enttäuscht. Gerade in diesem Augenblick, als die Kilometeranzeige des Autos auf 50 000 sprang, tauchte neben mir, an den Leitplanken der Autobahn befestigt, ein braunes Schild mit weißer Aufschrift auf: „Nächste Ausfahrt ... Stift St. Paul ... Ausstellung ... Die Macht des Wortes".

Wir können uns Gott nicht vorstellen, aber wir können *von der ewigen Ordnung profitieren,* die wir auf unserer Welt vorfinden. Wir können uns auf den Rhythmus einlassen, den die Natur uns anbietet. Wir können von der Ausgewogenheit zwischen Aktivität und Entspannung, der Ausgewogenheit zwischen Erneuern und Bewahren und der Stabilität der Prozesse, die uns die Natur seit Millionen von Jahren vorzeigt, lernen.

Wir haben in diesem Buch die Ordnung auf unsere Vertriebsprozesse übertragen. Wir haben Standardsituationen für die Führungs- und Verkaufsgespräche geschaffen, die es dem Unternehmen ermöglichen, geplante Ergebnisse sicher einzufahren. Standardsituationen, die es aber auch den Vermittlern ermöglichen, ihre Ziele sicher und mit kalkulierbarem Aufwand zu erreichen. Eine so geschaffene Ordnung im Unternehmen stellt sicher, dass man nicht jeden Tag neu verhandeln muss, was denn nun zählt. Sie ist aber auch ein Regulativ, an das man sich halten muss, wenn man von ihren Vorteilen profitieren will. Das gilt sowohl für den Vorstand als auch für alle Mitarbeiter. Die Ordnung prägt uns. Das strukturierte Verhalten ist das natürliche. Auch im Verkauf. Stress und Aktionismus kommen aus der Unordnung. Wenn der Zufall regiert, dann stimmen die Ergebnisse eben nicht, und dann werden die Führungskräfte natürlich schnell nervös.

Unser Ausgangspunkt für diese Ordnung war die Benediktsregel. Wenn Abläufe reibungsfrei funktionieren sollen, dann muss man sie ordnen und auch mit der nötigen Strenge darauf achten, dass die Ordnung eingehalten wird. Über allem aber stehe die Liebe zu den Menschen, als oberste Maxime des Handelns der Führungskraft.

- *Der Abt hasse die Fehler, er liebe die Brüder. Immer gehe ihm Barmherzigkeit über strenges Gericht!*

Ich wünsche Ihnen, liebe Leserinnen und Leser, die Kraft, die Ordnung für sich zu finden und von ihr zu profitieren.

Ihr

Karl Heindl

Danksagung

Die berufliche Situation eines Menschen bedingt und beeinflusst immer auch die private Lebenssituation und umgekehrt. Ich bin dankbar dafür, dass ich bei der Entwicklung und Erarbeitung dieses Buches auch für mein privates Leben die *Kraft der ewigen Ordnung* wiederentdecken konnte.

Ich danke den vielen Seminarteilnehmerinnen und Teilnehmern, die in den letzten Jahren meine Seminare besucht haben. Im regen Austausch miteinander ist es gelungen, die *Ordnung* für den Vertrieb zu adaptieren und in diesem Buch verfügbar zu machen. Gerne erinnere ich mich immer wieder an viele konkrete Seminarsituationen, in denen wir uns gemeinsam neue Erkenntnisse erarbeitet haben.

Ich bedanke mich bei Abt Otto Strohmaier, der mich in die Benediktsregel eingeführt hat. Ich erkannte den Sinn der *Ordnung* und verstand, dass trotz aller Ordnung und Verbindlichkeit die *Liebe* immer an oberster Stelle stehen muss.

Meilensteine in der Lebenslinie von Menschen sind immer auch mit dem scheinbar zufälligen Treffen auf bestimmte Personen verbunden. Für meinen beruflichen Werdegang hat mich die Beziehung zu Frank Pöppinghaus sehr geprägt, die einen immer wieder fruchtbaren Austausch ermöglicht hat und ein wechselseitiges Lernen und Reifen bewirkt hat.

Danke auch meiner Lektorin, Frau Manuela Eckstein, für den konstruktiven Austausch und die wertvollen Tipps während der Entwicklung dieses Buches. Sie ist für mich im Laufe der Jahre nicht nur eine „Lektorin" geblieben, sondern zum „Eckstein" für meine Entwicklung als Autor geworden.

Meiner Frau und meinen Kindern danke ich dafür, dass meine Entwicklung und Veränderung von ihnen bemerkt und akzeptiert worden ist, und dass einige Elemente der Benediktsregel in unseren Alltag einfließen konnten.

Am Schluss dieses Buches kehre ich nochmals an den Anfang meines Lebens zurück, und danke meinen Eltern für die *geordnete* Kindheit und die *Liebe,* die ich in der Koschatstraße erleben durfte.

LITERATUR

Assländer, Friedrich/Grün, Anselm: *Spirituell führen*, 2. Auflage, Münsterschwarzach 2007.
Birkenbihl, Vera: *Fragetechnik schnell trainiert*, Landsberg am Lech 1998.
Blanchard, Kenneth/Johnson, Spencer: *Der Minutenmanager*, Reinbek 2002.
Coelho, Paulo: *Auf dem Jakobsweg*, Zürich 1999.
Dehner, Klaus: *Die Bindungsformel*, Wiesbaden 2010.
Detroy, Erich-Norbert: *Mit Begeisterung verkaufen*, 5. Auflage, München 1999.
Die Bibel, *Einheitsübersetzung der heiligen Schrift*, Stuttgart 1980.
Fink, Klaus: *Bei Anruf Termin*, 3. Auflage, Wiesbaden 2005.
Friedmann, Richard Elliott: *Wer schrieb die Bibel?*, Köln 2007.
Greve, Gustav: *Organisational Burnout*, Wiesbaden 2010.
Grün, Anselm: *Quellen innerer Kraft*, 3. Auflage, Freiburg im Breisgau 2009.
Herndl, Karl: *Auf dem Weg zum Profi im Verkauf*, 4. Auflage, Wiesbaden 2011.
Herndl, Karl: *Das 15-Minuten-Zielgespräch*, 2. Auflage, Wiesbaden 2010.
Herndl, Karl: *Führen im Vertrieb*, 3. Auflage, Wiesbaden 2010.
Maas, Martin: *Praxiswissen Vertrieb*, 3. Auflage, Wiesbaden 2006.
Nußbaumer, Heinz: *Der Mönch in mir*, Wien 2006.
Peters, Veronika: *Was in zwei Koffer passt*, München 2008.
Ratzinger, Josef: *Gott und die Welt*, München 2005.
Ratzinger, Josef: *Jesus von Nazareth*, Freiburg im Breisgau 2007.
Ratzinger, Josef: *Salz der Erde*, 10. Auflage, München 2008.
Salzburger Äbtekonferenz: *Die Regel des heiligen Benedikt*, Beuron 1990.
Schönborn, Christoph/Stöckl, Barbara: *Wer braucht Gott?*, München 2009.

Schutz, Christian/Rath, Philippa (Hg.): *Der Benediktinerorden*, Kevelaer 2009.

Schwarz, Gerhard: *Die „heilige Ordnung" der Männer*, Köln 1985.

Seewald, Peter: *Als ich begann, wieder an Gott zu denken*, 3. Auflage, Stuttgart 2007.

Seewald, Peter: *Jesus Christus*, München 2009.

Seidel, Conrad/Beutelmeyer, Werner: *Die Marke Ich*, Frankfurt a.M. / Wien 1999.

Sharma, Robin S.: *Der Mönch, der seinen Ferrari verkaufte*, München 2008.

Sprenger, Reinhart K.: *Mythos Motivation*, Frankfurt a.M. 1997.

Theißen, Gerd: *Im Schatten des Galiläers*, 21. Auflage, Gütersloh 2008.

Von Troschke, Bettina/Haas, Bernhard: *Vertriebscoaching*, Wiesbaden 2009.

Watzlawik, Paul: *Anleitung zum Unglücklichsein*, 25. Auflage, München 2003.

Wolf, Notker: *Wohin pilgern wir?* Reinbek 2011.

DER AUTOR

Karl Herndl, Jahrgang 1961, studierte Pädagogik und Gruppendynamik in Klagenfurt. Danach arbeitete er sieben Jahre in mehreren Funktionen in einem Dienstleistungsunternehmen in Wien, zuletzt als Verkaufsleiter.

Seit 1997 ist er Geschäftsführer der „Karl Herndl Training KG". Er hält Vorträge und führt Seminare zur Führungskräfteentwicklung und Verkaufsförderung durch.

Von Karl Herndl sind bisher folgende Bücher erschienen:

- „Auf dem Weg zum Profi im Verkauf" (Gabler Verlag, 4. Auflage 2011)
- „Führen im Vertrieb" (Gabler Verlag., 3., ergänzte Auflage 2010)
- „Das 15-Minuten-Zielgespräch" (Gabler Verlag, 2., ergänzte Auflage 2010)

Kontakt:
Mag. Karl Herndl
E-Mail: office@karl-herndl-training.com
Homepage: www.karl-herndl-training.com

The manufacturer's authorised representative in the EU is Springer Nature Customer Service Centre GmbH, Europaplatz 3, 69115 Heidelberg, Germany. If you have any concerns regarding our products, please contact ProductSafety@springernature.com

Printed and bound by CPI Group (UK) Ltd, Croydon, CR0 4YY

25/03/2026

02078182-0002